Wolfram von Eschenbach

herausgegeben

von

Albert Leitzmann.

Fünftes heft:

Willehalm buch VI bis IX;
Titurel; lieder.

Halle a. S.

Max Niemeyer.

1906.

Altdeutsche textbibliothek, herausgegeben von H. P a u l.
Nr. 16.

Vorwort.

Mit dem vorliegenden hefte hat diese textausgabe von Wolframs werken ihren abschluss gefunden. Ehe ich in dem noch ausstehenden letzten hefte eine zusammenhängende darstellung seiner künstlerischen eigenart und der an die einzelnen werke sich anschliessenden probleme versuche, wird es mir obliegen, die schon im ersten hefte in aussicht gestellten kritischen epilegomena zu den textheften vorzulegen, mit denen zugleich eine grössere reihe exegetischer beiträge verbunden sein sollen. Meine textredaktion wird dadurch nachträglich eingehende rechtfertigung erfahren, ebenso wie die exegetischen teile dieser arbeit manches neue zu bieten hoffen, was sich mir bei der langjährigen beschäftigung mit dem dichter ergeben hat. Ich gedenke dabei den umgekehrten weg zu gehen und, mit dem Titurel beginnend, über den Willehalm zum Parzival vorzudringen.

Was die in der vorrede zum vierten heft erwähnte efferdinger handschrift des Willehalm angeht, so war es mir wie kollege Jellinek entgangen, dass sie inzwischen in den besitz der berliner königlichen bibliothek gelangt ist. Ich bin auf diese tatsache gleichzeitig durch Friedrich Panzer, Edward Schröder und Philipp Strauch brieflich aufmerksam gemacht worden.

Dem verehrten herausgeber der textbibliothek und meinem freunde Gustav Rosenhagen darf ich zum letzten male herzlichen dank sagen für die hingebende sorgfalt, die sie dem entstehenden werke durch jahre hindurch in freundschaftlichster weise gewidmet haben.

Jena, 7. august 1906.

Albert Leitzmann.

a*

Zur kritik des textes.

Über die einrichtung dieses variantenverzeichnisses vgl. meine vorbemerkungen im ersten heft s. V und im vierten heft s. IV. Die zahlreichen abweichungen in der setzung der cäsuren im Titurel gegenüber Lachmanns praxis sind im folgenden nicht einzeln verzeichnet.

Willehalm.

VI.

270, 17 *punkt* = 18 *punkt*

273, 3 markîs *n* = marcrâven   wart dô *alle ausser l* = dô   4 daz *alle ausser l* = wart daz   **274,** 12 si gein *Kmn* = gein   13 güetlîchen *Kmn* = si güetlîch   24 wære diu (wære si *α* (*Pfeiffer, Quellenmat. z. altd. dicht.* 2, 87)) = wæern die (*Lachmann; Zwierzina Zeitschr. f. d. altert.* 44, 58)   27 wîne *Klnα* (*Pfeiffer, Quellenmat.* 2, 87) = wîn   **275,** 5 *punkt* = 6 *punkt*   **277,** 3. 4 = *ohne eckige klammern* (*fehlen allen ausser l*)   10 ungevüegen *Kmn* = unsüezem   24 markîs = marcrâf   **280,** 16 mannen *Knop* = man

281, 6 ungemach *Klmoptα* (*Sitzungsber. d. wien. akad. phil.-hist. kl.* 11, 663) = gemach   13 = *komma nach* für (*Paul Beitr.* 2, 333)   17 markîs = marcrâf   **282,** 1 mit ungevuoge *alle ausser K* = ungefuoge   **284,** 27 dô *lopzα* (*Zeitschr. f. d. altert.* 32, 92) = dâ (*Paul Beitr.* 2, 320)   sich *loptzα* (*Zeitschr. f. d. altert.* 32, 92) *α* (*Sitzungsber.* 11, 666) = sich dô (*Paul ebenda*)   **286,** 1 des *optz* (daz *lmnα*)

= deis **287**, 26 = *ohne klammern* lief ich *Kmn* = ich lief **288**, 26 = *ohne klammern* **289**, 11 markîs = marcrâven **290**, 8 kleider diu *alle ausser K* = kleider 10 bedarf *Klmntzα* (*Zeitschr. f. d. philol.* 8, 236) α (*Serap.* 10, 302) = darf 29 = *ohne klammern mit kolon*

292, 11 den lobes *Km* (des lobes *nop*) = lobes 24 noch nie *lmoptxz* = noch **293**, 29 in *lnoptzα* (*Zeitschr. f. d. philol.* 8, 238) α (*Serap.* 10, 304) = in dem **294**, 20 grôze *Klmz* = grôz **295**, 15 guldîn grôz *optz* = starc (*Paul Beitr.* 2, 333) **296**, 12 markîs *nop* = margrâf **297**, 27 von unserm *Klmntz* = vome (*Paul Beitr.* 2, 336) **298**, 19 = *ohne zeichen* **299**, 13 ritter sîner *Klmptz* (ritter an sîn *no*) = rîters (*Paul Beitr.* 2, 333; *Panzer ebenda* 21, 236) 20 doch *Kmn* = ouch

301, 1 = *ohne zeichen* 2 sprach er *Klt* = sprach **303**, 3 daz er *loptz* = daz 23 *punkt* = 24 *kolon* **304**, 19 nâmen daz *alle* = nâmenz **305**, 29 von sînem *Klmt* = vome (*Paul Beitr.* 2, 336) **306**, 23 = *kolon* (*Paul Beitr.* 2, 334) 24 = *ohne klammern mit punkt* (*Paul ebenda*) **308**, 16. 19 der *Kmnop* = daz 25 menschen *alle ausser K* = mensche **309**, 15 *punkt* = 19 *punkt* 20 hant = [hant] **310**, 19 *punkt* = 20 *punkt* 27 iuwer mâge lebenes *loptz* = daz iwerr mâge (*Paul Beitr.* 2, 320) 28 schiubet *loptz* = sendet (*Paul ebenda*)

311, 17 des *alle* = dez was = [was] **313**, 4 überal gezieret *lop* = al überzieret 14 wunneclîchez *loptxz* = kreftigez (*Paul Beitr.* 2, 320)

VII.

314, 3 und wie *Kmopx* = wie 6 ûf wege *lmoptzα* (*Zeitschr. f. d. philol.* 9, 415) = ûf dem wege 11 *punkt* = 12 *punkt* **315**, 1 = *ohne zeichen* (*Paul Beitr.* 2, 335) 2—5 = *in klammern mit komma* (*Paul ebenda*) **316**, 17 und von *alle* = und 21 ander *alle ausser K* = andern 25 die = [die] *punkt* = 26 *punkt nach gefuoren* (*Paul Beitr.* 2, 335) **318**, 17 sherzen *IKlmnα* (*Pfeiffer, Quellenmat.* 2, 79) = des (*Paul Beitr.* 2, 335) **319**, 5 markîs *nop* = marcrâf 28 markîs = marcrâve **320**, 22 an der *lmopx* = ander

322, 1 *punkt* = 321, 30 *punkt*   26 erwerben *Ioptα* (*Pfeiffer, Quellenmat.* 2, 80) = behalten werder   **323**, 3 Pavei = Paveye   8 markîs *Iloptϰα* (*Pfeiffer, Quellenmat.* 2, 80) α (*Germ.* 31, 213) = marcrâven   10 und *Iloptϰzα* (*Pfeiffer, Quellenmat.* 2, 80) α (*Germ.* 31, 213) = und die **325**, 7 mugen *alle ausser K* = niht mugen (*Paul Beitr.* 2, 324) **326**, 6 dienstes *alle ausser K* = diens   **327**, 2 markîs *nop* = marcrâf   6 markîs *nop* = marcrâve   **328**, 9 lieht *alle ausser K* = tiwer   14 bî dem markîs reit *alle ausser K* = reit bî dem markîs   **329**, 1 markîs *lnop* = marcrâf 4 schrîten *K* = riefen   in grôzer *Kz* (in solher *lmnopt*) = ime (*Paul Beitr.* 2, 335)   5 maneger storje *lmnoptα* (*Germ.* 31, 214) = starker vîende (*Paul ebenda*)   18 wert *lmnoptα* (*Germ.* 31, 214) = hôh   **330**, 11 markîs *nop* = marcrâf   14 swertes blicke *K* = swerte blicken   27 markîs *nopα* (*Germ.* 31, 214) = marcrâf

331, 5 diu hœste hant *K* = der hœhste got   14 deheinen *mnop* = dâ   23 markîs α (*Germ.* 31, 214) = marcrâf   29 der helle porten *alle ausser K* = die helleporten   30 und der *moptz* (der *K*) = und (*Paul Beitr.* 2, 336)   **332**, 18 alsô *lnoptz* = als   **333**, 9 von knehten wart dâ *lmnoptz* = dane wart von knehten   14 der schar *Ilmnoptα* (*Pfeiffer, Quellenmat.* 2, 81) = dem her   21 des = dês   **334**, 11 gein *Ilmnoptα* (*Pfeiffer, Quellenmat.* 2, 81) = ûf   13 wurden *alle ausser K* = wart   28 wol kunde *Ilmntzα* (*Pfeiffer, Quellenmat.* 2, 81) = kunde wol   **335**, 29 Franzoisære *alle ausser K* = Franzoyse   **336**, 13 sunder *Ilmnotα* (*Pfeiffer, Quellenmat.* 2, 81) = besunder   14 dâ srîches *Ilmntα* (*Pfeiffer, Quellenmat.* 2, 81) = des rîches = *kolon*   18 mannen *alle* = man   20 glesten *Ilmnoptα* (*Pfeiffer, Quellenmat.* 2, 82) = erglesten   21 ûz *lmnopα* (*Pfeiffer, Quellenmat.* 2, 82) = in (*Pänzer Beitr.* 21, 237)   29 hie volkes dannoch *Ilmnoptα* (*Pfeiffer, Quellenmat.* 2, 82) = dannoch heres **337**, 6 geruochet *Ilnoptα* (*Pfeiffer, Quellenmat.* 2, 82) = ruochet 10 und in *Ilmnoptα* (*Pfeiffer, Quellenmat.* 2, 82) = in   14 nâhen = [nâhen]   **340**, 1 zevüeren *Ilmnoptα* (*Pfeiffer, Quellenmat.* 2, 83) = zestœren   6 sîner gote *Ilmnoptα* (*Pfeiffer, Quellenmat.* 2, 83) = sînen goten   7 wolden *alle ausser K* = wolde (*Panzer Beitr.* 21, 237)   8 wæren *alle ausser K* = wurde (*Panzer ebenda*)

341, 23 lant ze *Klmnα* (*Zeitschr. f. d. altert.* 35, 346) =
lant   **343,** 5 von *lmntα* (*Zeitschr. f. d. altert.* 35, 346) = **an**
(*Panzer Beitr.* 21, 237)   **344,** 5 = *punkt*   **345,** 9 die
Kmn = die daz   10 krône *Kmnα* (*Zeitschr. f. d. altert.*
35, 346) = ir krône   **346,** 2 hôhen *Kmnop* = hôh   und
= [und]   solhez *lnopt* = alsôlhez   4 und = [und]   16
geruochen *alle* = ruochen   **347,** 11 dienstes *lmnopt* = diens
13 = *punkt*   **349,** 10 getrûwen *lmnp* = getrûwe   18 und
= [und]   **350,** 6 unsælden *Kmnoptα* (*Zeitschr. f. d. altert.*
22, 238) = unsælde

353, 25 dô *lnoptα* (*Serap.* 8, 47) = dar   **354,** 21 *zweites*
und = [und]   28 diu sunne *lnop* = sunn   **355,** 8 *punkt*
= 9 *punkt*   15 *kolon* = 16 *kolon*   **356,** 7 kolzen *K* =
jopen   7. 8 hâberjôl : Plimizôl *alle* = hâberjœl : Plimizœl
357, 10 hôch *lnopt* = wol   **359,** 13 *punkt* = 12 *punkt*
360, 25 dâ zugen *lop* = zugen

361, 15 *punkt* = 19 *punkt*

VIII.

362, 13 ûf *lnopt* = umb   18 markîs = marcrâven
23 von in *lnopt* = dâ   **365,** 14 *punkt* = 20 *punkt* (*Paul
Beitr.* 2, 336)   15 dô *Klntxz* = sô (*Paul ebenda*)   sich
lmnopz = si (*Paul ebenda*)   28 er solde *alle ausser K*
= solde   **366,** 15. 16 plâne : Schampâne *lnoptz* = plân
: Schampân   **367,** 2 gedingen = gedinge (*Paul Beitr.* 2, 330)
369, 9 markîs *nz* = marcrâve   **370,** 5 des = dês

371, 17 = *komma*   22 und *lnopt* = und diu   **372,** 2
al *alle ausser K* = an (*Paul Beitr.* 2, 324; *Wiessner ebenda*
26, 522)   ruof *alle ausser K* = ruoft   6 kômen *Kmopt*
= kom   20 erkant *lnoptz* = bekant   27 geflôrierten
Klmnzα (*Germ.* 14, 273) = geflôrten   **373,** 2 huop *Kmop*
= bürt   16 geflôrsen *loptz* = flôrsen   27 und *lnoptz* =
und ouch   **375,** 7 ouch des *Kmtz* = s ouch   15 *punkt* =
17 *kolon*   16 = *in klammern mit komma*   21 der Terra-
mêres *lmoptz* = Terramêrs   **376,** 8 und *lnoptzα* (*Zeitschr.
f. d. altert.* 22, 240) = wand   grôz koste *alle ausser K* =
grôze kosten   18 verlasch *Knt* = derlasch   **377,** 27 und
mit *Klmtzα* (*Zeitschr. f. d. altert.* 22, 241) = und   **378,** 8
zageheit = zageheite   13 *punkt* = 15 *punkt*   28 daz

alle = dazz (*Paul Beitr.* 2, 337) **379**, 1 ouch *lnoptz* =
ouch sus 13 *ausrufungszeichen* = 14 *ausrufungszeichen*
19 = *ohne zeichen* (*besserung Pauls*) **380**, 29 *punkt* =
30 *punkt*

381, 20 alde = alt 27 ze Tüwingen *alle ausser K* =
Tüwingen (*Panzer Beitr.* 21, 238) vaht *lmntz* = ervaht
(*Panzer ebenda*) **382**, 14 mit künste *ûf lnoptz* = ûf mit
künste **383**, 9 erklungen *lnopt* = klungen 27 manegen
lmopz (manegem *t*) = andern **384**, 2 dâ strîtes *lmopz* =
strîts 19 dâ geschach *lnoptz* = geschach 26 alsô *lnopt*
= als **385**, 3 urliuge *lnoptz* = wan urliuge 14 was
wol *lnptz* = wol was 18 sô *lnoptz* = dâ sô 21 gæben
Kmop = schüben (*Paul Beitr.* 2, 337) 22 âne *nt* = an
(*Paul ebenda*) **386**, 19 Josweizen *Klmntz* = Josweiz 23
Josweiz den *lmoptz* = Josweizes dern (*Panzer Beitr.* 21, 238)
387, 27 vuor *lnoptzα* (*Germ.* 14, 273) = fuor dô **388**, 26 dâ
lnoptzα (*Germ.* 14, 273) = dort **389**, 26 hete in *lnoptwzα*
(*Serap.* 8, 47) = in hete **390**, 2 und der *lmnoptα* (*Serap.*
8, 47) = und 29 gesnarre = gesnarren

391, 5. 6 gekriect : gesict *lmopt* = gekrîet : geswîet
(*Paul Beitr.* 2, 324) 22 alden *lmnptα* (*Germ.* 14, 274) *α*
(*Serap.* 8, 47) = alte 26 wart dâ = [wart dâ] versigelet
lnopα (*Serap.* 8, 47) = übersigelet **392**, 10 = *komma*
(*Panzer Beitr.* 21, 238) 11 mit *lmoptα* (*Serap.* 8, 48) = die
mit (*Panzer ebenda*) 13 einez *lnopt* = daz eine **393**, 1
wannen *K* = wanne **395**, 16 = *punkt* (*Paul Beitr.* 2, 337)
396, 21 schrîten *Kmns* = schriren **398**, 9 den *lst* = den in
400, 13 *punkt* = 14 *punkt*

402, 1 = *komma* 3 swertes klanc *lnopt* = swertklanc
21 *punkt* = 27 *punkt* 26 wie *lnop* = und wie

IX.

403, 14 dô *lnopw* = doch 26 zwîge = zwî 30 *punkt* =
404, 2 *punkt* (*Paul Beitr.* 2, 65) **404**, 1 = *in klammern* diu
.... diu *Kt* = die .... die (*Paul Beitr.* 2, 65) 3 = *aus-
rufungszeichen* **406**, 23 lammes *lmnopt* = lambe **407**, 6
truoc *lnopt* = ouch truoc 30 swertes *lt* = swerte **408**, 3
punkt = 4 *punkt* **409**, 11 von den sînen wart *lnopt* =
wart von den sîn

411, 12 dâ *lnopt* = ouch   17 Kîûnen *Kmnop* = Kîûn
19 Franzoisære *lmnot* = Franzoyse   **412**, 10 der künec *alle*
= rois   **413**, 10 Franzoisære *lnopt* = Franzoyse   23 in
lnoptx = den   **414**, 19 swertes slegen *lmnopt* = swertslegen
415, 13 schrîten *mnt* = schriren   **416**, 12 von Sanktes =
[von Sanctes]   30 helme *lmnopt* = helmen   schilte *lnopt*
= schilden   **417**, 23 = *punkt*   24 = *ohne klammern*
28 striten = strîten (*besserung Pauls*)   **418**, 8 klâfter *lmopt*
= klâftern   15 nifteln *Klnot* = niftl   20 des strîtes
lnopt = der strîte   25 ecken *lpt* = swerten   **419**, 10
tôten *lmop* = tôt   13 *punkt* = 15 *punkt*   23 = *komma*
    421, 3 immer mêr *alle ausser K* = immêr   9 rœmeschen
künege *Km* = Rômære   19 markîs = marcrâven   23 des
küneges *nop* = der   **425**, 7 nû *lnopt* = dô   29. 30 zûne
: neitûne *Klnopt* = zûn : neitûn   **426**, 19 alsô *Klmnt* = als
427, 3 erschal der dôz *Klt* = der schal derdôz   16 *punkt*
= 17 *kolon*   **429**, 25 dô *lmopt* = duo   **430**, 22 wart
lnopt = was
    431, 15 gezimieret *alle ausser K* = getubieret   **432**, 7
nâch *lmopt* = nâch si   27 schahteliur = burcrâve   von
lnpt = ûz   **433**, 26 ir *lnop* = sîn   **435**, 11 dem *alle*
ausser K = der   25 des = dês   hete *lnopst* = hât
436, 18 sô wît *lmnpt* = wît   25 *punkt* = 26 *punkt*   **437**, 29
hulden *lmopst* = hulde   *punkt* = 30 *punkt*   **438**, 24 ge-
kêret *alle* = genkert (*Paul Beitr.* 2, 337; *Panzer ebenda*
21, 239; *Kraus ebenda s.* 561)
    441, 1 markîs *nop* = marcrâve   11 markîs = marcrâve
443, 3—5 = *ausrufungszeichen* (*Förster, Zur spr. u. poesie*
Wolfr. s. 23; *Paul Beitr.* 2, 338)   9 und ze *Kmot* = ze
444, 4 sîner *lmopt* = sîne (*Paul Beitr.* 2, 338)   5 getrûte
alle ausser n = gernorten (*Paul ebenda*)   alsô *n* = sô
445, 26 in *lmopt* = im   **446**, 5 *punkt* = 6 *punkt*   14 =
ohne klammern mit kolon   18 durch *lmnop* = durch sîn
449, 3 ze *lmnt* = zem   **450**, 25 dannen *Klt* = dane   29
des = dês
    452, 30 alsô *nop* = als   **454**, 13 dô *opt* = duo   **455**, 9
der = [der]   **456**, 8 *punkt* = 11 *punkt*   21 von *lnopt*
= vor   **457**, 2 ze dem markîs *n* = zem marcrâven   7 =
komma   9 als *lnopt* = reht als   = *punkt*   15 landes

lmnopta (Sitzungsber. 11, 667) = lande **458**, 9 an *lnopt*
= gein 11 habe *lnopta (Sitzungsber.* 11, 668) = haben
12 dir *lmt* = den (*Paul Beitr.* 2, 338; *Panzer ebenda* 21, 239)
459, 8 si = sî

  461, 15 markîs *ṅop* = marcrâf **462**, 17 ûf *lnoptv* = ûz
464, 5 = *punkt* 11. 12 priester : meister *Kmn* = priester
grâ : meister dâ (*Benecke im Mhd. wb.* 2, 1, 118; *Pfeiffer,
Beitr. z. gesch. d. md. spr. u. liter. s.* XIII *anm.*) **467**, 5
markîs *ṅop* = marcrâf 9—23 *Km* = *fehlen (vgl. s.* XXXV;
Paul Beitr. 2, 322) 15. 18 markîs = marcrave

Titurel.

I.

  2, 2 geêret sîn = sîn gêret (*Lachmann*) 4 ecken =
eke **4**, 3 des *G* = daz **5**, 2 immer mêre = imêre 3
nimmer dâ *G* = dâ niht **6**, 2 der engel hêre mir = mir
der engel hêre .... (*Martin*) 4 vor mir was diu gâbe =
diu gâbe was vor mir **10**, 1 herzen *GH* = herze 2 des
= dês **8** *nach* 10 *H* = *nach* 7 (*Zarncke Beitr.* 7, 604)
2 swenne dîn = dîn (*Lachmann*) 3 mich *H* = dich

  11, 2 beschouwen = schouwen (*Martin*) 4 hende =
hant **13**, 2 arme = arm **14**, 2 noch gesehen = gesehen
sît noch 3 er hete vil *G* = ouch het er 4 gein prîse *H*
= gein hôhem prîs **16**, 2 al sîn (aller sîner *H*) = sîn
17, 2 mit *G* = an **19**, 2 mit ir = mit (*Lachmann*) 3 al
wîplîch *G* = elliu magtlîch

  21, 4 kômen *GH* = kom ze der *GH* = zer **24**
nach 21 *H* = *nach* 23 (*Zarncke Beitr.* 7, 605) 2 hête Kîôt
= Kîôt het 4 liez tragen *G* = tragen lie **22**, 1 sîn
lant hête der vürste = der fürste hête sîn lant von rois
= von (*Lachmann*) **23**, 1 sach im = sach (*Lachmann*)
2 ein vil *H* = ein 3 der *G* = er sînem *G* = dem
4 deweder mêre = deweder (*Lachmann*) **25**, 2 dô = [dô]
3 ouch noch (ouch *G*) = dannoch 4 gesaget wart = wart
gesaget (*Lachmann*) **28** *nach* 25 *H* = *nach* 27 (*Zarncke*

Beitr. 7, 603) 2 die krône truoc = truoc die krône (*Lach-mann*) 27, 2 magetlîchen *G* = magtuomlîchem 4 von Munsalvâsche man = man von Muntsalvâtsche 29, 3 heize weinen *H* = weinen 4 solde an ir = an ir solte 30 = *ohne eckige klammern (fehlt G; Franz, Beitr. z. Titurel-forsch. s. 21)*

31 = *ohne eckige klammern (fehlt G; Franz ebenda)* 4 gar ze spern *M* = ze scheften gar 32, 3 herzen *M* = herze 4 volwahsen in diu lobes jâr *H* = in diu lobes jâr volwahsn 33 = *ohne eckige klammern (fehlt G; Haupt Zeitschr. f. d. altert.* 4, 396) 1 güete *M* = ganzen tugenden 2 süezem *M* = vil süezem 3 durchliuhtec *M* = gar lûter âne *H* = eine 4 *M* = der werden Schoysiânen kint, gelîcher art, diu kiusche junge reine 36 *nach* 33 *M* = *nach* 35 *ohne eckige klammern (fehlt G; Franz, Beitr. s. 22)* 4 lôslîch stolzen *M* = stolzen [und] lôsen 34 = *ohne eckige klammern (fehlt G; Haupt Zeitschr. f. d. altert.* 4, 396) 1 Herzeloiden der vil *M* = Herzelöude der 3 wîplîchen *M* = wîplîcher 35, 1 magetlîche *G* = magtuomlîche 2 swâ man *GM* = swer sô *G* = da 37, 1 wie Gahmuret .... *M* = wie .... Gahmuret 2 werdeclîche *GH* = werdeclîchen 4 magetlîcher *G* = magtuomlîcher 39, 4 er wirt = [er wirt] herre *GM* = ein hêrre *punkt nach* herre = 3 *punkt* 41, 2 was von Grâharz Gurnemanz *G* = der hiez Gurne-manz von Grâharz *in klammern* îsen *GM* = îser 4 was genant *G* = der hiez um *G* = durch 43, 1 Gurzgrîn = Gurzgrîen (*Bartsch*) 2 diu genôz des ir muoter man *GM* = daz was des schult daz man ir muoter 4 zucket *M* = zucket ouch 44, 2 in *M* = an 4 gesæt wart = in die werlt wart gesæt (*Lachmann*) 45, 1 wart brâht hin *H* = hin wart brâht 2 viel (*HM*) in = in vil 46, 1 dîne *GH* = dîn 2 und herzenlîche *G* = von herzenlîcher 3 von *G* = an 4 diu ergienc = [diu ergie] niht = drunder niht 47, 1 disiu kint der stolze Gahmuret = der stolze Gahmuret disiu kint (*Lachmann*) 2 dô der süeze = dô 4 in herzen nôt geslozzen *G* = beslozzen in herzen nôt 48, 2 jugende = der jugent 4 minne bant = in der minne bant (*Lachmann*) 49, 2 spehen, wære er *G* = spüren, gienger 4 alle *H* = gar alle 50, 2 den wâren

H = och den [wâren]   4 under helme (GH) ritter = rîter under helm

51, 2 und ze (ûf G) himele vür got G = hûs [und] ze himele ist reine für got ir   4 an krefte erlamt = erlamet an ir krefte (*Lachmann*) wirt G = ist   53 = *ohne eckige klammern (fehlt G)*   4 innen = inne   54, 2 diu Franzoiser G = Franzoyse   4 sorge G = nôt   55, 2 wie sîn G = umb sînen   kunde sprechen mit manlîchen G = wie wol er sprechen kunde mit   3 sich der G = er sich   4 jach im vil der tiuschen G = jâhen im hie vil der touf-bærn   tâten = [tâten]   ouch G = dort   56, 1 alle GH = al   4 die von minnen = die .... (*Lachmann*)   57, 4 ûz den sorgen, werdiu (G) maget = süeziu maget, ûz den sorgen (*Martin*)   helfeclîche G = helflîche   59, 2 mich hœren, ob dû G = hœrn, ob du mit zühten   60, 4 rehtiu G = reht

61, 2 mac helfen (G) = gehelfen mac   4 aller mâge und [der G] liute mîns landes G = mîner mâge, lands und liute   64, 4 durch = durh die   66, 2 mit mir selben (GH) nû = nu mit mir selbe   67, 2 kums mir ûz den ougen = mir ûz den ougen kumest   68, 4 in = in [den]   69, 2 maget mac = magt (*Lachmann*)   = *komma*   4 vreude den = den fröude   70, 2 lebet als künstec = als künstec lebet   ir wert und ir G = ir

72, 2 danne GH = ouch dan   den = [den]   4 daz = sô daz   74, 2 doch (iedoch G) = och   75, 4 minne = diu minn   76, 1 ze der maget nam = nam ze der maget   2 ouwê G = wê   minne = diu minne   4 heiles G = gelückes   zuo den GM = zen   77, 1 sprich = nu sprich   78, 2 *zweites und drittes* von = [von]   4 Sigûnen GM = Sigûn   78 a—d = *fehlen (vgl. die lesarten; Franz, Beitr. s.* 10)   79, 1 ûz M = von   küene = künc (*Lachmann*)   80, 1 vil goldes = und goldes vil   2 der verte M = die vart   4 *erstes* schilt = [schilt]

81, 1 niht = iht (*Martin*)   2 worden M = worden nie   4 ruorte ouch = ruorte   82, 1 unz = [unze]   2 ûz ougen wazzers vil = vil wazzers ûz ougen (*Lachmann*)   4 den = [den]   82 a = *fehlt (vgl. die lesarten; Leitzmann Beitr.* 26, 103)   83, 4 *zweites* die = [die]   84, 2 sîn rîcheit = ... (*Wackernagel*)   4 vor G = von   86, 4 an stüelen ûf stên = ûf stên an stüeln   dar zem êrsten (ie *fehlt G*) = ie zem êrsten dar   **87,** 1 gedenken = denken 2 gein = gein [der]   3 der jugent *G* = jugent   in dem *G* = in   **88,** 2 Gahmuret der werde = der werde Gahmuret   innen *G* = inne   4 winter = [den] winder **89,** 1 sô *G* = sîn   **90,** 2 minnen *G* = minn   und = [und]   4 ein teil hete *G* = hete ein teil

91, 2 minne = der minne   ir kraft sich = sich ir kraft 4 spähe *G* = spæh   **92,** 3 von der *G* = von   4 dîn *G* = sîn   **96,** 1 *zweites* dû = [du]   **97,** 4 niht dîner stæte = dîner stæte niht   **99,** 4 als swære wart nie *G* = wart nie als swære   **100,** 1 ich hân = ich (*Bartsch*)   2 liebe = liebe hân (*Bartsch*)   mannen *G* = man

101, 4 erner mich = mich erner   **102,** 4 arme ellenthafte *M* = sælige ellenthaft   ê danne *G* = ê   **103,** 2 den = [den]   4 muome = müemel (*Lachmann*)   **104,** 4 tohter *G* = kint   erkantlîchiu *GM* = erkantlîch   **105,** 2 vreude im *G* = im fröude   4 und *G* = unde ir   **106,** 2 minne = [minne]   des nû niht langer = des [willen] niht langer nu (*Lachmann*)   4 dîn varwe sol = sol dîne varwe (*Lachmann*)   **107,** 2 dîn trôst und dîn *GM* = dîn   zebrechen *M* = gar zerbrechen   **108,** 2 grôzer nœte = der grôzen nôt (*Lachmann*)   4 trôst .... = ... trôst   **109,** 1 ûz Katelangen diu vürstîn (*G*) = diu fürstinne ûz Katelange   2 sus *M* = alsus   **110,** 3 iedoch ir *M* = ir   4 lieplîchen = [lieplîchen]   liebe (*M*) = liebe in ir herzen   daz si *M* = daz

111, 2 alze vil ê = ê alze vil   4 sus = [sus]   **112,** 2 dîner *M* = mîner   4 wer *M* = wê wer   **113,** 4 der = [der]   **114,** 2 iht deste unwerder = deste unwerder iht **115,** 4 erlâzen = erlâzen wol (*Bartsch*)   **117,** 1 hân nâch liebem vriunde = hân (*Lachmann*)   3 kom et = komet (*Martin*)   **118,** 1 aber an = ... an (*Lachmann*)   2 ôsten unde *G* = ôsten   **120,** 2 hôch gemüete *G* = hôher muot 4 weiz = weiz wol

121, 2 læge *G* = lige   **123,** 4 der stolzen *G* = de Franze   mit ir *G* = mit   **124,** 4 lâ dînen (*G*) = sô lâ dîn **125,** 2 diu = [diu]   dîn = [dîn]   **127,** 2 bî = bî dem 4 in manegen landen den prîs = den prîs in manegen landen **128,** 2 erborn von den liuten = von den liuten erboren   4 hol

= halt (*Lachmann*)   er = er [der]   **129**, 1 brüste = brust
3 der vunken wirt gerêret = wirt gerêret [der funken]   4
von *G* = und

131, 1 = *punkt*   2 herze = herze was   4 vor al der
werlde den Grâharzois = den Grâharzoys vor al der werlde
(*Lachmann*)

II.

132, 4 ûf gehalden *G* = gehalden ûf   diu *G* = die
133, 1 mit krache alsus = alsus mit krache   4 den allen =
allen den   **134**, 2 diu = die (*Grimm, Gramm.*² 4, 240. 251)   wil
= wil . . . . (*Bartsch*)   4 sîn lîp *G* = er   den bracken
wolde = wolte den bracken   **135**, 2 mêren = gemêren
(*Lachmann*)   **136**, 4 stolzen Grâhardeiz = [stolzen Grahar-
deiz]   vreuden *G* = hôher fröuden   **137**, 2 herte = [vil]
herte   4 sam diu sunne durch den walt. dâ = [durh den
walt] sam diu sunne. aldâ   **139**, 4 erwant diu spanne =
diu spanne erwant   **140**, 2 steinen *G* = stein   4 solhez
G = sölch

141, 1 dô *G* = sô   2 ûzen *G* = ûze   4 guldînen *G*
= guldîn   **142**, 1 rubînen *G* = rubîn   2 adamante *G* =
adamant   4 errâten *G* = râten   ich = ich dâ   **145**, 2
kan verte hüeten = verte hüeten kan   4 übersiht *G* =
ersiht   ûf = ûf dem   **146**, 1 daz seil und der bracke =
der bracke unde daz seil   2 arte = art   4 und = unde
ouch (*Martin*)   **147**, 2 *zweites und drittes* ir = [ir]   4 in
= in [von kinde]   schiltlîche *G* = schiltlîch   **148**, 1
helme *G* = helm   2 mîn zuht niht bræche = niht bræche
mîne zuht   4 an (ouch an *G*) = ouch   **149**, 4 niemen
dâ *G* = dâ niemen   **150**, 1 herzogîn = herzoginne   4 un-
gezalt = [ungezalt]

151, 2 er si = si in   4 aller = [aller]   sîner verte
phlac = phlac sîner verte   **152**, 2 welte = welt ouch
4 duc = der herzoge   Bluomederwilde = Bluome diu wilde
(*Lachmann*)   **154**, 2 und = und der   4 si = diu herzogîn
155, 4 si = diu herzoginne   **156**, 2 blanc linde *G* = blanc
157, 4 schiere dô = dô schiere   **158**, 2 kom wider = wider
kom   **160**, 1 hende = hant   2 ninder *G* = niene   4 wilt
noch hunt spürte = ninder spürte wilt noch hunt

161,1 bein gar *G* = bein 3 dan daz *G* = dann ê
daz erschozzen = [erschozen] wunden = wunde 4 kœme
G = kom Sigûnen (*G*) er = er Sigûn unden *G* = unde
162, 2 von = von der (*Bartsch*) 4 daz seil was alsô rehte
= rehte alsô was daz seil **163,** 2 diz mære sich = sich
diz mære **164,** 4 sîn = [sîn] **165,** 2 lesen zende = zende
ûz lesen **166,** 4 stuont ane gebunden = ane gebunden stuont
(*Bartsch*) **167,** 2 manz erholn mit strîte = man daz mit
strîte erholen lîbe und *G* = lîbe 4 und = [unde]
168, 2 ir = [ir] vriunt = friunde 4 ûf der verte zôch
= zôch ûf der verte (*Lachmann*) **169,** 1 dar = dar nâch
2 gelebe *G* = lebe 4 gelücke und = [gelücke und]
170, 2 der anevanc *G* = anevanc

Lieder.

I, 8. 18. 28 = *je zwei zeilen* (*Paul Beitr.* 1, 202) 17
kolon = 18 *kolon nach* ungescheiden (*Paul ebenda*) 19 ich
bin = der bin ich (*Lachmann*) 21 = *punkt* (*Paul Beitr.*
1, 202) 23 *kolon* = *ohne zeichen* (*Behaghel Germ.* 34, 489)

II, 1. 3. 9. 11. 17. 19. 25. 27. 33. 35 = *je zwei zeilen*
(*Bartsch Germ.* 12, 147) 6 în bî naht *G* = în 8 mich
daz *G* = michz 14 gebiute *G* = biut 16 geselle *G*
= selle 22 ouch bræhte = bræhte ouch 30 lûhte et
(luhtet *G*) = lûhte

III, 3. 4 = *mir* — verhabet *in klammern* (*Paul Beitr.* 1, 202)
4 swüngen = swingen (*Paul ebenda*) 13 nû seht *BC* =
seht sæten *BC* = den sæten

IV, 5. 6. 12. 13 = *je zwei zeilen* (*Bartsch Germ.* 2, 269.
273) 9 lieben wîbe (wîben *B*) *BC* = liebe

V, 2. 4. 15. 17. 28. 30 = *je zwei zeilen* (*Bartsch Germ.*
12, 148) 21 meldennes = meldes (*Bartsch*)

VII, 38 et = dan (*Kück Beitr.* 22, 114)

VIII, 34—66 = *ohne eckige klammern* (*Paul Beitr.* 1, 203;
Behaghel Germ. 34, 490; *Kück Beitr.* 22, 94)

Willehalm.

VI.

Mac solh gelübede ein ende hân,
diu des âbents wart getân,
dô der marcgrâve schiet
von Oransche, als im geriet
5 Giburc, diu in selbe bat
nâch helfe rîten ûz der stat
in der Franzoisære lant,
ob in dâ des rîches hant,
vater, bruoder und mâge
10 sus wolden lân en wâge,
daz er genâde würbe an sie?
ir helfe er vant, nû sint si hie.
  sîn dan scheiden und ir komen
muget ir wol beidiu hân vernomen.
15 er mac nû ezzen mêr dan brôt:
Giburc ist vîentlîcher nôt
erlôst, wan daz si et jâmer twanc.
der marcgrâve az und tranc
vil gerne, swaz man vür in truoc.
20 Rennewart, sîn vriunt, der knappe kluoc,
vür die geste gienc durch sînen prîs:
er truoc sîn ungevüegez rîs
in der hende als einen trunzûn.
den Burgunjois, den Bertûn,
25 den Vlæminc und den Engelois,
den Brâbant und den Franzois
nam wunder, waz er wolde tuon.

în gienc des rîchsten mannes sun,
des houbet krône bî der zît
30 truoc: daz was gar âne strît.
270   mitten durch den palas
manec marmelsûl gesetzet was
under hôhe phîlære:
Rennewart die stangen swære
5 wider ein gewelbe leinde.
si nam wunder, waz er meinde,
dô er sô wiltlîchen sach.
etslîche vorhten ungemach
âne schult von im erlîden:
10 daz kunde er wol vermîden,
er würde ê drûf gereizet.
dâ sîn vel was besweizet
und der stoup was drûf gevallen,
dô er vor den andern allen
15 kom, als im sîn manheit riet,
etswâ ein sweizec zaher schiet
den stoup von sînem klâren vel.
Rennewartes sknappen snel,
sîn blic gelîchen schîn begêt,
20 als touwec spitzec rôse stêt
und sich ir rûher balc her dan
klûbet: ein teil ist des noch dran.
wirt er vor roste immer vrî,
der heide glanz wont im ouch bî.
25 der starke, niht der swache,
truoc ougen als ein trache
vorm houpte, grôz, lûter, lieht.
gedanc nâch prîse erliez in niht,
sît er von Munlêûn ûf die vart
30 schiet, im wuohs sîn junger bart.
271   er enhete der jâr doch niht sô vil,
diu reichent gein des bartes zil:
Alîzen kus hete in gequelt.
man hete im wol die gran gezelt:
5 die endrungen den munt niht sêre.
man kôs der muoter êre

an im, diu solhe vruht gebar.
al sîn antlitze gar
ze wunsche stuont und al die lide.
10 sîn klârheit warp der wîbe vride:
ir neheiniu haz gein im truoc.
ich sage iu lobes von im genuoc,
genæhet er baz dem prîse
und bin ich dannoch sô wîse.
15   eins dinges mir geloubet:
er was des unberoubet,
sîn blic durch rost gap solhiu mâl,
als dô den jungen Parzivâl
vant mit sîner varwe glanz
20 der grâve Karnahkarnanz
an venje in dem walde.
jeht Rennewarte al balde
als guoter schœne, als guoter kraft
und der tumpheit geselleschaft.
25 ir neweder was nâch arte erzogen:
des was ir edelkeit betrogen.
     zer künegîn sprach dô Heimrîch:
'wer ist sô starc, sô manlîch
dâ her în vür uns gegangen
30. mit einer sô grôzen stangen?'
272   Giburc, die man bî güete ie vant,
sprach: 'herre, ez ist ein sarjant,
dem sîner kurzen jâre leben
ze rehte, ich wæne, ist niht gegeben.
5 mich dunkt, man solde in halden baz.
sîn snelheit diu ist niht ze laz:
er kom ze vuoz vor den, die riten,
und wolde gerne hân gestriten
an den selben stunden,
10 hete er vînde vunden.
herre, mir jach der markîs,
in gæbe im der künec Lôîs.
er enist niht ungehiure:
sît Karl der lampriure
15 und der hôhe Bâligân erstarp,

in ir deweders rîche erwarp
nie muoter sît sô klâre vruht.
er hât ouch kiuschlîche zuht:
man mac in ziehen als eine maget.
20 er leistet gerne, swaz man im saget.
mîn herze giht etswes ûf in,
dar um ich dicke siufzec bin
sît hiute morgen, daz ich in sach:
mir sol vreude oder ungemach
25 vil schier von sîner kunft geschehen.
ich muoz im antlitzes jehen,
als etslîch mîn geslehte hât.
mîn herze mich des niht erlât,
ich ensî im holt, ich enweiz durch waz:
30 sô treget er lîhte gein mir haz.'

273 Rennewart der junge sarjant
gienc, dâ er sînen herren vant.
dem markîs wart dô schiere kunt,
daz sîn vriunt vor im dâ stuont:
5 dem bôt er minneclîchen gruoz.
er sprach: 'gein dir ich werben muoz:
genc ze hove vür die wirtîn
und vür in, der sô blanken schîn
dort hât: si sint beidiu dienstes wert.
10 nû sih, wie lebelîch er gert:
er enist mir niht unmære.
der selbe mûzære
ervlüge den kranech wol, würfe ich in dar:
er enist niht zagelîch gevar.'
15 'herre,' sprach dô Rennewart,
'im belîbet mîn dienest ungespart
und al den, dies geruochent,
diez güetlîche versuochent.'
dô gienc der ellens rîche
20 vür die wirtîn zühteclîche.
Heimrîch rief an den wirt:
'waz ob dîn gast nû niht verbirt,
er enerbiete uns sînen zorn?
den hân wir âne schult erkorn.'

25 'ich líde vür dich, swaz dir tuot
   sîn unbescheidenlîcher muot'
   sprach dô des landes herre:
   'er was mit mir der erre
   hiute morgen dâ her în.
30 er kan wol vriunt und vîent sîn.'

274   diu tavel was kurz unde breit:
   Heimrîch durch gesellekeit
   bat Rennewarten sitzen dort
   ûf den teppech an der taveln ort
5 bî der künegîn nâhen.
   daz enkunde ir niht versmâhen:
   Rennewart saz mit zühten dar.
   Heimrîch nam sîner lider war.
   der knappe wart von schame rôt,
10 daz manz im dâ sô wol erbôt.
   die künegîn des niht verdrôz,
   daz tischlachen si gein sîner schôz
   güetlîchen bôt: dar zuo er sweic,
   wan daz er mit zühten neic.
15 swie diu künegîn ob im saz,
   sîn houbet was vil hœher baz:
   daz muoste von sîner grœze sîn.
   sîn und ir, ir beider schîn
   sich kunde alsus vermæren,
20 als ob si beide wæren
   ûf ein insigel gedrucket
   und gâhes her abe gezucket:
   daz underschiet niht wan sîn gran.
   mir wære noch liep, wære diu her dan:
25 man ersæhe den man wol vür daz wîp.
   sô gelîche was ir beider lîp.
      mit môraz, mit wîne, mit klârete
   durch des alden Heimrîches bete
   wart sîn gephlegen aldâ ze stunt,
30 baz danne im dâ vor ie wart kunt.

275   er verschoup alsô der wangen want
   mit spîse, die er vor im dâ vant,
   daz ez drîn niht dorfte snîen.

ez enheten zehen bîen
5 ûz den nephen niht sô vil gesogen.
mich enhabe diu âventiure betrogen,
si beide wênec âzen,
diez im dâ heten lâzen
ûf der taveln gestanden.
10 si wâren mit sorgen banden
verstricket. merket, wie dem sî:
ir gebærden was doch vreude bî.
    vil knappen kom gegangen:
die wolden sîne stangen
15 dan haben gerucket oder getragen:
sô müeste ein swacher eunzwagen
drunder sêre krachen.
Rennewart begunde lachen
und sprach hin zin: 'ir spottet mîn.
20 wan lât ir solhez schimphen sîn,
daz ir mit der stangen tuot:
oder ich erzürne etslîches muot.
ir welt si haben als iuwern toten.
des swer ich bî dem zwelften boten,
25 der wont in Galîzjâ
(Jâkob heizent si den dâ),
welt ir niht mîden solhez spil,
es wirt etslîchem gar ze vil.
jâ zerte ich dirre spîse
30 mêr danne ein kleiniu zîse,
möhte ich vor iuwerm schimphe.
276   nû hüetet iuch vor ungelimphe.'
    Rennewarte was zer spîse gâch.
dâ endorfte niemen nîgen nâch,
5 daz er von der taveln sente.
sinôpel mit pigmente,
klâret und dar zuo môraz,
die starken wîne gevielen im baz
danne in der küchen daz wazzer.
10 die spîse ungesmæhet azer:
ouch lêrte in ungewonheit,
daz starke trinken überstreit

sîn kiusche zuht und lêrte in zorn,
den edeln hôhen wol geborn.
15   vil knappen der jungen
sich mit der stangen drungen,
unz si si nider valten
und den palas erschalten.
Rennewart spranc von der taveln dar.
20 die knappen entwichen im sô gar,
daz er ir wênec bî im vant.
er nam die stangen mit einer hant.
ein knappe was entwichen
und al vlühtec geslichen
25 hinder ein sûl von marmel blâ.
den selben sach er iedoch dâ:
er tet nâch im einen solhen swanc,
daz daz viur ûz der siule spranc
hôhe ûf gein dem dache.
30 jener vlôch von dem gemache.
277   alsus beleip der palas,
daz dâ wênec knappen inne was.
[von in zer tür ûz was gedranc:
ieslîcher vür den andern spranc.]
5 tischlachen wurden geslagen
zesamene und niht hin dan getragen:
si vluhen, die des phlâgen,
si entorstenz niht gewâgen
hin ûf ze Rennewarte,
10 gein sînem ungevüegen zarte.
ûf stuonden, die dâ hêten gâz.
diu künegîn niht lenger saz:
si bat die vürsten an ir gemach
varn. zin allen si dô sprach:
15 'heizet iuwer gesinde hie ûf nemen
al, des si künne gezemen
von trinken und von spîse.'
dô sprach Heimrîch der wîse:
'ez ist âne laster genomen,
20 dem sîne wegene niht sint komen.
swes ir gert, man gîts iu vil.

iu allen ich daz râten wil.'
  die vürsten vuoren zir ringen.
der markîs hiez im bringen
25 ein ors und reit mit in her nider.
sus reit er vür unde wider,
hie ûf wisen, dort ûf velt.
was unberâten kein gezelt,
er hiez den liuten drunder tragen,
30 daz si keinen zadel dorften klagen.

278   der marcgrâve begunde biten,
dô er hin abe was geriten,
al die werden in dem her,
daz si phlægen rîlîcher zer
5 und ir gemach heten al den tac.
'sô man den morgen kiesen mac,
hœrt messe in der kappellen mîn:
dâ wil ich in iuwerm râte sîn.'
daz lobeten unde leisten sie.
10 vürsten, grâven, dise und die,
und swen man vür den bârûn sach
und al die, den man rotte jach,
die wâren ze velde gar gevarn.
Gîburc dort inne wil bewarn
15 ir liepsten vater Heimrîch.
manec juncvrouwe minneclîch
vor sînem bette stuonden,
die werden dienest kunden,
in einer kemenâten,
20 diez mit guotem willen tâten.
Heimrîch sich legete dran:
Gîburc vür den grîsen man
nider ûf den teppech saz.
juncvrouwen entschuohten in um daz,
25 daz Gîburc im erstriche
sîniu bein, ê si im entwiche.
wande er die naht gewâpent reit,
diu müede und klagende arbeit
in schiere slâfen lêrten,
30 ê daz si von im kêrten.

279   des landes herre (ich meine den wirt)
      kom wider ûf, der niht verbirt,
      er enneme ouch die gesellekeit,
      dâ von er liep unde leit
  5 ê dicke hete emphangen.
      an ein bette wart gegangen,
      dâ er und diu küneginne
      phlâgen solher minne,
      daz vergolten wart ze beider sît,
 10 daz in ûf Alischanz der strît
      hete getân an mâgen:
      sô geltec si lâgen.
      dô der milte Amfortas
      in Orgelûsen dienste was,
 15 ê daz er von vreuden schiet,
      und der grâl im sîn volc beriet,
      dô diu künegîn Sekundille
      (daz riet ir herzen wille)
      mit minne an in ernande
 20 und im Kundrîen sande
      mit einem alsô tiuren krâm,
      den er von ir durch minne nam
      und in vürbaz gap durch minne,
      aller krône gewinne
 25 und al Sekundillen rîche
      die enmöhten sicherlîche
      mit sgrâles stiure niht widerwegen
      der grôzen vlust, der muoste phlegen
      ûf Alischanz der markîs.
 30 an sînem arm ein swankel rîs
280   ûz der süezen minne erblüete.
      Gîburc mit kiuscher güete
      sô nâhe an sîne brust sich want,
      daz im nû gelten wart bekant:
  5 allez daz er ie verlôs,
      dâ vür er si ze gelte kôs.
      ir minne im solhe helfe tuot,
      daz des marcgrâven trûrec muot
      wart mit vreuden undersniten.

10 diu sorge im was sô verre entriten,
si möhte erreichen niht ein sper.
Gîburc was sîner vreuden wer.
    nâch trûren sol vreude etswenne komen.
sô hât diu vreude an sich genomen
15 einen vil bekanden site,
der mannen und wîben volget mite:
wan jâmer ist unser urhap,
mit jâmer kom wir in daz grap.
ich enweiz, wie jenez leben ergêt:
20 alsus dises lebens orden stêt.
    diz mære bî vreuden selten ist.
ich müeste haben guoten list,
swenne ich vreude drinne vünde,
swie wol ich nû guotes günde
25 den, die mir niht hânt getân
und mir niht tuont: die sint erlân
von mir kummerlîcher tât.
ein wîser man gap mir den rât,
daz ich phlæge, swenne ich möhte,
30 solher güete, diu mir getöhte

281

ûzerhalp der valschen wîse:
des möhte ich komen ze prîse.
    dar an ouch niemen sol verzagen,
er enmüeze vreude und angest tragen.
5 swer zaller zît mit vreuden vert,
dem wart nie ungemach beschert.
jâ sol diu manlîch arbeit
werben liep unde leit.
die zwêne geselleclîche site
10 ouch der wâren wîpheit volgent mite,
sît daz man vreude ie trûrens jach
zeinem esterîche und zeinem dach,
neben, hinden, vür zen wenden.
grôz trûren sol niemen schenden:
15 wan hât sichs iemen noch erwert,
bî sîner vreude ez nâhe vert.
    der markîs kurzwîle phlac.
al sîn her ouch schône lac,

sô daz si heten guot gemach.
20 wan Rennewarten man noch sach
mit arbeiten ringen.
dicke loufen, sêre springen,
vil knappen daz niht liezen:
die enkunde niht verdriezen,
25 etlîcher sîn mit würfen phlac.
der jagete er manegen al den tac.
sus hete er schimphlîchen strît
unz hin nâch der vesper zît.
er entet ir keinem drumme wê,
30 als er ze Munlêûn hête ê
282 geschimphet mit ungevuoge.
in müeten hie genuoge,
die niht bekanden sînen zorn:
der wart ouch gar von im verborn.
5 dô begunde nâhen ouch diu naht.
der edel mit der hôhen slaht
huop sich vlühtec von in dan.
sîne stangen truoc der junge man:
im was ze bergen vor in gâch.
10 si hardierten vaste hinden nâch:
bî einer wîle si des verdrôz.
dô twanc in diu müede grôz,
sîn edelkeit des geruochte,
daz er die küchen suochte:
15 dâ legete er sich slâfen în.
sîn lindez wanküsselîn
daz was sîn hertiu stange.
er enruowete dâ niht ze lange.
sîner swester sun Poidjus
20 was selten doch gelegen sus,
der künec von Vrîende
(dar zuo diente ouch sîner hende
Grifâne, Trîande und Kaukasas):
ich wæne, im baz gebettet was,
25 swenne er slâfen wolde,
des œheim hie dolde,
des er gar erlâzen wære,

swer doch diu rehten mære
wesse, wie sîn hôher art
30 von ammen brust verstoln wart,
283   ûz rîcheit brâht in armuot.
diu sælde künsteclîchen tuot.
    daz kindelîn kouften koufman
und hetenz, unz ez sich versan.
5 nâch horde stuont in al ir sin:
si dûhte, ir grœzlîch gewin
læge an sînem geslehte.
si nanden im vil rehte
niun rîche, dâ sîn vater truoc
10 krône, und sageten im genuoc,
daz al die hœsten Sarrazîn
ze sînem gebote müesten sîn,
norden, sûden, ôsten, wester,
und daz zwuo sîner swester
15 trüegen krône und wæren alsô gevar,
daz si den prîs an schœne hêten gar.
si sageten im mêr besunder
von rîcheit wâriu wunder,
zehener sîner bruoder lant,
20 und wie si selbe wæren genant.
    die koufman wâren kurtois,
si lêrtenz kint franzois:
eins dinges si gedâhten,
daz si in ze gebe brâhten
25 dem, der rœmescher krône phlac.
solh klârheit an dem kinde lac:
man muoste im des mit wârheit jehen,
schœner antlitze wart nie gesehen
sît des tages, daz Amfortas
30 von der vrâge genesen was.
284   die koufman lêrtenz kint verdagen,
ez ensolde niemen rehte sagen,
ez wære man oder wîp,
woldez behalden sînen lîp,
5 in welhem lande ez wære genomen.
si wæren ir koufes wider komen,

die von Samargône:
dô hiez sîn phlegen schône
von Rôme der künec Lôîs.

10 daz kint an schœne hête prîs:
nû was ouch Alîze diu maget
schœne, als ich iu hân gesaget.
dô man in ir zeinem gespiln gap,
ir zweier liebe urhap

15 volwuohs: die brâhten si an den tôt
und liten nâch ein ander nôt.
    der künec wolde in hân getouft:
er was von Tenabrî verkouft,
des werte er sich sêre.

20 dô muoste er von der êre
Alîzen gesellekeit
varn: daz was ir beider leit.
Alîze was triuwen rîche,
dar ûf ir tougenlîche

25 daz kint al sîns geslehtes jach,
dô man si geselleclîche sach.
dô muoste er sich scheiden von
sîner hôhen art in swache won,
niht wan durch toufes twingen

30 mit smæhen werken ringen.

285   der knappe sînem vater haz
und sînen mâgen umme daz
truoc, daz si in dâ niht lôsten:
in dûhte, daz si verbôsten

5 ir triuwe. sîn haz unrehte giht:
wande si enwessen sîn dâ niht.
wære kein sîn bote an si komen,
wolde iemen hort hân genomen,
solher gâbe wære nâch im gephlegen,

10 Franzoisære möhten golt noch wegen.
sîner hôhen mâge vil verlôs
den lîp durch smæhe, die er kôs:
sîn hant vaht sic der kristenheit.
sus rach er smæhlîchez leit,

15 des er vor Alîzen phlac:

ir minne an prîse im gap bejac.
sîn dinc sol immer sus niht varn:
Alîzen minne in sol bewarn.
swaz man ie smæhe an im gesach,
20 Alîzen minne die von im brach
dar nâch in kurzen zîten
in tôtlîchen strîten.
   den kochen was daz vor gesaget,
daz wære bereit, sô ez taget,
25 vil spîse, swer die wolde,
und daz ieslîch vürste solde
enbîzen ûf dem palas.
durch daz vil manec kezzel was
über starkiu viur gehangen.
30 dâ wart ein dinc begangen,

286 des dem küchenmeister was ze vil.
der warp, als ich iu nû sagen wil:
er nam einen glüendegen brant
und gienc vil rehte gein der want,
5 dâ er Rennewarten slâfen sach.
von alsô smæhlîchem gemach
dorfte in niemen scheiden dan.
der koch besancte im sîne gran
und verbrande im smundes ouch ein teil.
10 sîn lôsheit warp im unheil:
dem er sus stôrte sînen slâf,
der bant im, sam er wære ein schâf,
elliu vieriu an ein bant
unde warf in al zehant
15 under einen kezzel in grôzen rôst.
sus wart er lebens dâ erlôst:
er enhiez ûf in niht salzes holn,
er rach über in brende und koln.
her Vogelweide von brâten sanc:
20 dirre brâte was dicke und lanc:
ez hete sîn vrouwe dran genuoc,
der er sô holdez herze ie truoc.
   Rennewart al eine dort beleip.
grôz angest die andern von im treip:

25 si vorhten, diu zeche gienge an sie.
   dort vlôch ein koch, der ander hie.
   si luocten durch die want dar în
   und hôrten, wie die grene sîn
   Rennewart der junge klagete
30 und waz er al klagende sagete.

287   er sprach: 'nû wânde ich armer man,
   daz ich von banden wære verlân,
   dô mich des rœmeschen küneges hant
   dem gap, der vor ûz ist bekant
5 zer hœsten eskelîrîe
   und der vür wâr der vrîe
   ist aller valschlîchen tât.
   daz man mich niht geniezen lât
   der grôzen triuwe, als ich im sage!
10 bekande er mich, daz wære sîn klage.
   mîne grene, die mir sint ane gezunt,
   gesæte ir minne ûf mînen munt,
   diu mir stiure ûf dise vart
   mit kusse gap. den selben bart
15 hât ûz mînem kinne
   noch mêr gezogen ir minne
   danne mîner kurzen zîte jâr
   oder danne der smæhlîche vâr,
   des mich ir vater wente.
20 ich getrûwe ir wol, si sente
   um mich, ze swelher zît si sach,
   daz der künec sîn zuht an mir zebrach
   und ich spehete die gelegenheit
   der ritterlîchen arbeit
25 in turnei und in strîten
   (dar lief ich ze manegen zîten),
   wie man ein ors mit künste rite,
   gein wîben gebâren ouch die site.
   swenne ich was bî werdeclîcher wone,
30 dâ sluoc man mich mit staben vone.

288   dises landes herre ist geschant,
   daz mich sîn koch sô hât verbrant.
   dar zuo an mir gehœnet sint

des kreftegen Terramêres kint,
5 der zehene gewaldeclîchen
tragent krône in wîten rîchen,
die hôhe künege habent ze man.
dises lasters müezen phlihte hân,
die ich mir vür wâr ze bruodern weiz,
10 Fâbors und Ûtreiz,
Mâlarz und Malatras,
ob solh geburt mit triuwen was,
daz uns alle ein muoter truoc.
nâch mir trûrens hât genuoc
15 Glôrîax und Passigweiz,
Karrîax und Matreiz,
Merabjax und Morgowanz.
sî wir erborn ûz triuwe ganz,
die zehene lêrt missewende
20 mîn armeclîch ellende.
    mich solde der künec von Kordes
lân geniezen sînes hordes.
dem dienet Hap und Suntîn,
Gorgozâne und Lumpîn,
25 Poi unde Tenabrî
(nû stên ich sîner helfe vrî),
Semblî und Muntespîr.
daz im sîne edelen eskelîr
an mir niht sagent sîn missevarn!
30 ich bin doch Terramêres barn.'
289   durch die want si in hôrten alsus klagen.
    dô begundez alsô sêre tagen,
daz diu sunne durch die wolken brach.
vürsten riten ûf. dô daz geschach,
5 dô sanc man messe got und in.
der marcgrâve sande hin,
ob daz ezzen dannoch wære bereit.
die tôtlîchen arbeit
vluhen, die vür koche wâren benant:
10 dâ enschürte niemen viur noch brant.
    dem markîs man dô sagete,
daz harte sêre klagete

sîne besancten grene Rennewart.
etslîche heten sînen hôhen art
15 vernomen und iedoch niht gar.
er sande die küneginne dar
und bat si senften sînen zorn.
'der küchenmeister ist verlorn:
nemt mînen vriunt mit vuogen dan.'
20 dô gienc si nâch dem jungen man,
dar ir vuoz nie mêr getrat.
vil zühteclîchen si in des bat,
er solde durch ir willen
sînen schaden stillen
25 und niht wan senftes willen phlegen
und ungemüetes sich bewegen.
dô sprach er: 'vrouwe, ir sît sô guot:
swaz râtes ir gein mir getuot,
des volge ich. seht, wie ich bin erzogen:
30 ez ist vil liute an mir betrogen.'
290   diu künegîn vuorte den knappen dan.
si bôt im bezzer kleider an
in einer kemenâten,
dâ snîdære nâten
5 maneger slahte wâpenkleit.
dô sprach er: 'vrouwe, mir ist leit,
daz ir sô verre gienct nâch mir.
iuweriu kleider diu gebet ir,
swem ir gebietet, âne mînen haz:
10 swie arm ich sî, doch bedarf ir baz
vil maneger under disem her.
lât mir die stangen mîn ze wer.'
die hete er mit im dar getragen.
Gîburc begunde sêre klagen
15 sîne grene die besancten.
ir ougen im nie gewancten:
etswaz si an im erblicte,
dâ von ir herze erschricte.
dô sprach si: 'trûtgeselle mîn,
20 möhtez mit dînen hulden sîn,
sô vrâcte ich, wannen dû wæres erborn,

woldestûz lâzen âne zorn.'
dô sprach er: 'vrouwe, geloubet mir,
ich bin ein armer betschelier
25 und doch vil werder liute vruht.
des muoz ich jehen, hân ich zuht.
vrouwe, durch iuwer êre,
nû vrâget mich niht mêre
(daz vüeget sich uns beiden wol)
30 und lât mich sîn in swacher dol.'
291   der knappe dennoch vor ir stuont.
der vrouwen tet ir herze kunt,
daz si niht ervuor wan lange sider.
si bat in zuo zir sitzen nider,
5 ir mantels swanc si um in ein teil.
dô sprach er: 'vrouwe, dises wære geil
der beste ritter, der ie gebant
helm ûf houbet mit sîner hant.
swer mich alsus sitzen siht,
10 vil unvuoge er mir giht
und nimt mich drum in sînen spot:
des erlât mich, vrouwe, durch iuwern got.'
si sprach zuo dem jungen man:
'waz gotes solde ich anders hân
15 wan einen, den diu maget gebar,
nimstû sîner krefte iht war?'
dâ mite ervuor diu künegîn,
ob er wære ein Sarrazîn.
wie sîn geloube stüende,
20 des enhete si deheine künde.
er sprach: 'mir sint drî gote erkant,
der heilege Tervigant,
Mahmete und Apolle:
ir gebot ich gerne ervolle.'
25 diu künegîn siufte, ê daz si sprach.
an in si stæteclîchen sach:
ir herze spehete rehte,
daz er ûz ir geslehte
endelîche wære erborn,
30 swie er halt danne wære verlorn.

292   si tet, als ez ir zuht wol zam,
in ir hende sîne hant si nam.
si sprach: 'lieber vriunt vil guoter,
hâstû vater oder muoter,
5 bruoder oder swester?
wis dîner worte vester
und sage mir gar âne allez schamen
etswaz dîns geslehtes namen.'
Rennewart sprach alsus hin zir:
10 'man gap etswâ ze swester mir
ob aller klârheit den lobes kranz,
eine maget, diu nam der sunne ir glanz,
sô man si beide smorgens sach
und diu sunne durch die wolken brach.
15 diu wart gegeben einem man:
der hât ouch an mir missetân
(der hât sô manegen prîs bejaget),
sît bruoder an mir sint sus verzaget,
daz er mich liez sô lange in nôt,
20 sît wâriu milte des niht gebôt.
dem selben und mînem geslehte
trage ich grôzen haz mit rehte,
sît si mich scheident von ir goten
und mir noch nie deheinen boten
25 durch mîne nôt gesanden
und ir prîs an mir geschanden.'
dô sprach er: 'vrouwe marcgrâvîn,
etslîcher mîner swester schîn
möhtet ir wol in der jugende tragen,
30 muoz ich ez iu mit hulden sagen.
293   und wæret ir rîche, als si sint,
ir möhtet wol sîn des selben kint,
der an mir hât entêret sich,
gein dem ouch immer mîn gerich
5 sol kriegen durch mîniu herzesêr.
mâge und vater sint mir ze hêr:
ûf iuwer zuht mîn munt des giht,
deste baz sult ir mich halden niht.
dirre mære swîget stille.

10 mîn swacheit ist ir wille.
bin ich von werder diet erborn,
die hânt ir sælde an mir verlorn.'
   Giburc in vrâcte durch sînen prîs,
ob von Provenze der markîs
15 sîne helfe solde hân vür wâr.
dô sprach er: 'vrouwe, âne allen vâr
gestên ich sîner werdekeit:
ich riche ouch schamlîchiu leit,
dâ von mich die heiden
20 solden lange hân gescheiden.'
   si sprach: 'ich wil dir harnasch geben,
dar inne dû dîn jungez leben
beheldes, swâ dû kums in strît.
ez ist dir wol ze mâze wît
25 und wol geworht mit sinnen.
sô enmac dich niht gewinnen,
swaz man strîtes mac gein dir getuon.
ez truoc der künec Sînagûn
in sturme, dô er den markîs vienc,
30 dâ diu grôze schumfentiure ergienc,

294 dô der künec Tîbalt wart entworht.
Willehalm der unervorht
sô verre nâch jagete,
daz der küene und der verzagete,
5 die nidern und die obern
sich sêre begunden kobern:
heiden arme und rîche
wurben gar genendeclîche.
den markîs sicherheit betwanc
10 Sînagûn, der ie nâch prîse ranc,
wande er den getouften was entriten.
sus wart er âne sic überstriten
und gevuort in Tîbaldes lant.
sîne boien und ander sîn îsernbant
15 sach ich an im ungerne.
mîn houbet ze Todjerne
krône truoc von erbeschaft:
dô hete in manegen landen kraft

der milte künec Tîbalt von Kler
20 (er vüert noch hiute grôze her),
der gap mir krône dâ zArâbî:
ich enweiz, wer nû dâ vrouwe sî.
mîn neve, der künec Sînagûn,
Halzebieres swestersun,
25 sîn selbes harnasch und den man
liez er bî mir, der hât getân
sô manegen hôchlîchen prîs.
daz harnasch und der markîs
sint mit mir beide entrunnen.
30 sus diz harnasch wart gewunnen.'
295   si hiez daz harnasch vür in tragen.
Schoiûse was vil drûf geslagen:
nû was daz harnasch sô wert,
Schoiûse und ieslîch ander swert,
5 der ecken ez sich werte.
der huot was dicke und herte,
tief gein den ahseln her ze tal
mit edeln steinen über al
wol geziert an sînen orten,
10 geriemt mit edeln borten.
hosen und halsberc wâren blanc,
daz swert lieht unde lanc,
ze beiden sîten vil gereht:
valze und ecke im wâren sleht,
15 daz gehilze guldîn, grôz und wît.
ze Nördelinge kein dehsschît
hât dâ niemen alsô breit.
mit dem swerte prîs erstreit
Sînagûn der unverzagete.
20 Rennewart ez niht behagete:
in dûhte diu selbe klinge
sîner grôzen kraft ze ringe.
er zôch ez ûz und warf ez hin.
dô sprach er: 'vrouwe marcgrâvin,
25 lât mich et mîne stangen tragen.
dar zuo wil ich iu niht versagen,
swie wênec ich dar inne kan,

heizt mir diz harnasch legen an.'
juncvrouwen und daz klâre wîp
30 wâpenden Rennewartes lîp.
296 dô er daz harnasch gar hête an,
zwêne starke schuohe der junge man
bant über die îserkolzen.
sîn muot begunde im stolzen:
5 gein prîse truoc er stæten muot.
sîn surkôt was niht ze guot:
daz wart iedoch sîn wâpenroc.
im wart bedecket ieslîch loc
mit dem tiuren huote herte.
10 'nû sî ouch mîn geverte
diz swert: daz sol her um mich.
der markîs mac wol trœsten sich
mîn, swaz ich im gedienen mac,
gevüeget er mir strîtes tac.'
15 Gîburc diu künegîn
bat al diu juncvrouwelîn,
daz si in næmen in ir gesellekeit
und daz si im senften gar sîn leit.
'ich kum her wider schier ze dir:
20 ein gên soltû erlouben mir
zer kirchen âne dînen haz.'
Rennewart zen juncvrouwen saz,
gewâpent rehte ûf einen strît:
si begunden kürzen im die zît.
25 diu messe was gesungen.
die alden und die jungen,
vürsten, grâven, swie si wâren benant,
swer ze rottenmeister was bekant,
die wâren genomen an einen rât,
30 dâ man noch die werden gerne hât.
297 Gîburc mit urloube dran
gienc ze manegem werden man.
die wurben sus, nû hœret wie:
diu künegîn saz, als tâten sie.
5 der marcgrâve al eine stuont.
er sprach: 'ich tuon iu allen kunt,

die mîne genôze hinne sîn,
mîn vater und die bruoder mîn
und die mir ze mâgen sîn benant
10 und die srîches herre hât gesant
ze wern den touf und unser ê,
ruocht alle erkennen, wiez mir stê.
mîn sweher ist ûf mich geriten,
den getouften wîben sint gesniten
15 abe die brüste, gemartert sint ir kint,
die man in gar erslagen sint
und ûf gesazt ze manegem zil:
swer dar zuo schiezen wil,
den hânt die heiden deste baz.
20 alsus hât Tîbalt sînen haz
und Terramêr der starke
volbrâht ûf mîner marke.
ez sint ehte mîner mâge
gevangen, die ûf die wâge
25 mit mir riten, als ir triuwe gebôt:
mir lâgen ouch siben vürsten tôt
der hœsten von unserm rîche.
ich bite iuch al gelîche,
daz ir mich vreuden armen
30 iuch alle lât erbarmen.
298   die Franzoisære muoz ich manen,
dô ich von dem rîche nam mit vanen
mîn lant, dâ Tîbalt sprichet nâch,
waz mir ze stiure von im geschach:
5 dâ lobete mir des rîches hant
und swuoren zwelve, die wâren benant
in Francrîche an die hœsten kraft,
daz si mit guoter ritterschaft
mich sjâres lôsten zeiner zît,
10 swenne überlüede mich der strît.
des hân ich siben jâr gebiten.
nû hât mich Tîbalt überstriten:
dem hân ich ouch genuoc getân.
ich was sô lange ein koufman,
15 unz ich Nîmes gewan, die guoten stat,

mit wagenen. dar nâch ich bat
in gevancnisse ir minne
sîn wîp, die küneginne.
ir güete mich gewerte:
20 al, des ich an si gerte,
daz tet si, durch den touf noch mêr,
mit mir danne ir überkêr,
denne durch mîne werdekeit.
sît hât mir herzebæriu leit
25 der künec Tibalt vil dicke brâht.
die den hœsten got hânt gesmâht,
noch bî uns in dem lande sint.
nû êret an mir der megede kint,
ob ich sô müeze sprechen:
30 helft mîne mâge rechen,
299   daz wir von den heiden solhiu phant
gewinnen, diu Berhtrames bant
ûz prisûne sliezen.
mac ich nû geniezen
5 sippe und eide, die mir sint gesworn,
mîn vreude ist noch vil unverlorn.
    mîn vater, mîn bruoder, die sprechen ê:
dâ nâch sprechen, als ir ellen stê,
mâge und lantherren mîn,
10 die tuon ir triuwe an mir schîn.
swenne ir gebietet, daz ichz verdage,
mîn reht ist, daz ich nimmer klage.
ein ieslîch ritter sîner êre
gedenke, als in nû lêre,
15 dô er daz swert emphienc, ein segen.
swer ritterschaft wil rehte phlegen,
der sol witewen und weisen
beschirmen von ir vreisen:
daz wirt sîn endelôs gewin.
20 er mac sîn herze doch kêren hin
ûf dienest nâch der wîbe lôn,
dâ man lernet solhen dôn,
wie sper durch schilte krachen,
wie diu wîp dar umme lachen,

25 wie vriundîn vriunts unsenftekeit
senftet. zwei lôn uns sint bereit,
der himel und werder wîbe gruoz:
bin ich sô vrum, dâ nâch ich muoz
ûf Alischanz nû werben
30 oder ich wil drum ersterben.'
300   ûf stuont der alde Heimrîch:
sîn rede dem sune was veterlîch.
der sprach: 'dû maht wol sitzen nuo:
mîn reht ist, daz ich grîfe zuo
5 antwurte: ich bin der eldeste hie.
mîne genôze, vürsten, dise und die,
nû enhabetz vür deheine smâcheit,
daz ich vor iu spriche. mîns sunes leit
sol er niht tragen eine:
10 ich hânz mit im gemeine.
ich enlougens durch sînen kummer niht,
mîn herze sîn ze kinde giht:
doch lât in sîn mîn lantman,
des mich got wol hât erlân,
15 ich wolde im doch sicherlîche
helfen, sît er dem rîche
sô manegen prîs hât erstriten
und noch mit manlîchen siten
des rîches êre wirbet.
20 swes sælde niht verdirbet,
der wert die rœmeschen edelkeit
mit ellenthafter arbeit.
sît Terramêr von Tenabrî
unz an Frîende uns vüeret bî,
25 swaz werder diet gesezzen was
von Marsilje unz an Kaukasas,
wir vinden phandes deste mer.
er enhât deheinen künec sô hêr
mit im brâht her über mer,
30 er müge verliesen wol sîn her.'
301   ûf stuont Bernart der flôrîs.
dô sprach er: 'bruoder markîs,
mîn sun Berhtram truoc dînen vanen:

der getorste wol die sîne manen,
5 ich wæne, er selbe ouch ellen truoc.
nû hânt si ungemach genuoc,
siben ander vürsten, die noch sint
gevangen dâ bî mînem kint.
die uns ze dienst nû her sint komen
10 und die srîches solt hânt genomen
oder sus mit vürstenlîcher kraft
hie sint mit grôzer ritterschaft
beidiu durchz rîche und ouch durch uns,
helde, nû helfet, daz wir mînes suns
15 Berhtrams bant zebrechen
und Vîvîanzen rechen.
ich trage al mîner bruoder munt:
der triuwe ist mir sô verre kunt,
daz unser herzen sint al ein.
20 durch daz ensprach noch ir dehein.
die geste suln sprechen nuo
(dâ grîfet ellenthafte zuo),
die her von Francrîche
sint geriten krefteclîche.
25 unser mâge ich niht vür geste hân:
sô hete diu sippe missetân:
den getrûte mîn vater und ouch wir.
Franzoisære, nû sprechet ir,
wes wir uns hin ziu süln versehen,
30 und lât uns iuwer ellen spehen.'
302   der dise âventiure bescheiden hât,
der tuot iu kunt, durch waz man lât,
daz die vürsten niht sint benant,
die der rœmesch künec dar hât gesant.
5 wan etslîche wider wanden,
die ir vürstîe schanden,
si emphiengen si mit zepter oder mit vanen.
swer si des lasters noch wil manen,
dâ geschach iedoch ein widervart:
10 die wande der junge Rennewart
an der enge ze Pitît Punt,
vünfzehen tûsent zeiner stunt,

zwischen Ôransche und Alischans.
der die starken stangen dans,

15 den habet ir tummer danne ein rint:
er was doch srîchsten mannes kint,
der bî den zîten krône truoc.
die rede lât sîn. hie saz genuoc
vürsten, die des jâhen,

20 swem daz kunde smâhen,
daz Ôransche wære von in erlôst,
daz im der næme bezzern trôst:
si enwolden ninder vürbaz varn
mit ir vartmüeden scharn:

25 si wæren des âne schande,
sît die heiden von dem lande
hin zir schiffen wæren geriten,
ob si beliben ungestriten.
'swer uns den gegenmarket tuot,

30 die gevangen lœse wir um guot.'

303   von Berbester Berhtram
sprach: 'dem werden nie gezam,
daz er ûz prîse træte:
swer in dar umme bæte,

5 dem solde er nimmer werden holt.
nû denket, helde, ir habet gedolt
in Francrîche manegen prîs:
ob ir nû den markîs
liezet in sus grôzer nôt,

10 iuwer neheines vriundîn daz gebôt.
iuch hazzet ouch drum, daz ist mir kunt,
der daz swert in sînem munt
vür treget am urteillîchen tage,
dâ mite der küene und der zage

15 beide geschumfieret sint.
wol in, die er hât vür sîniu kint!
daz wir schouwen vünf wunden,
die noch sint unverbunden!
sîn bluot er durch uns rêrte:

20 swer sich von got nû kêrte,
des ende würde gesmæhet

und diu sêle der helle genæhet.
sîn verh hât uns den segen erstriten.
der unvlühteclîchen kom geriten,
25 ûf einem esele man in komen sach
aldar, dâ in sît ein blinde erstach:
er wære den gesehenden wol entvarn.
swer skriuzes segen wil wol bewarn,
den jâmer, wie er an dem kriuze hienc,
30 Jêsus, dô er den tôt durch uns emphienc.'

304   dô sprach Buov von Komarzî:
'Franzoise, iu was ie manheit bî:
dêswâr, die liezet ir noch ze vruo.
ein ieslîch manlîch ritter tuo,
5 als in nû lêre sîn bestiu werdekeit.'
Franzoisære wurden al bereit,
daz si sich baz bespræchen
und Vîvîanzen ræchen
an dem grôzen ungevüegen her.
10 ieslîch getouftiu hant ze wer
vant vünfzehen ander hende
verre brâht ûz ellende.
      Franzoisære dô sus gevuoren:
des ze Munlêûn si swuoren
15 und zOrlens vor dem ræmeschen voget,
daz enwart niht lenger vür gezoget.
si jâhen, daz al die Sarrazîn
in ir hazze müesten sîn:
si nâmen daz kriuze über al.
20 hin ûz inz her kom ouch der schal:
des was dâ manec ritter vrô.
die werden wurbenz alle sô,
daz si des kriuzes gerten:
des si vil priester werten,
25 hie den ritter, dort den sarjant.
swaz man guoter turkopel vant,
beidiu arme und rîche
nâmenz kriuze al gelîche.
ir herzen si gereinden,
30 den hœsten got si meinden.

305 in der siben bruoder sunderher
etslîche bereiten sich ze wer,
sumelîche vant man slâfen:
sô schouten die andern wâfen,
5 an schilten und an banieren:
sô begunden die andern zieren
ir harnasch, daz siz machten wîz:
sô kêrten die andern al ir vlîz,
daz si die helme geflôrten:
10 swaz riemen und snüere gehôrten
dar zuo, der wart vergezzen niht.
man sach dâ manegez harte lieht,
zimierde unde harnasch,
daz sît von bluote gar verlasch.
15 sich môvierten zorse die:
sô riten die andern baneken hie
ûf schœnen runzîden.
dâ muoste ouch angest lîden
manec unverzaget küener man,
20 der sich rehte des versan,
daz ir strît niht mêre galt,
wan daz bereite was gezalt
dem tôde ir leben ze beider sît.
ûf Alischanz der êrste strît,
25 der Pînele gap den rê,
des mâge sît tâten drumme wê
ûf Alischanz getoufter diet:
Vîvîanzes tôt ouch sider schiet
manegen werden heiden von sînem leben:
30 sus râche wider râche wart gegeben.
306 durch Gîburge al diu nôt geschach.
diu stuont ûf, mit zuht si sprach,
ê daz sich schiet der vürsten rât:
'swer zuht mit triuwen hinne hât,
5 der ruoche hœren mîniu wort.
got weiz wol, daz ich jâmers hort
sô vil inz herze hân geleget,
daz in der lîp unsanfte treget.'
die gein ir ûf begunden stên,

10 die bat si sitzen und ninder gên.
  dô si gesâzen über al,
  si sprach: 'der tôtlîche val,
  der hiest geschehen ze beider sît,
  dar um ich der getouften nît
15 trage und ouch der heiden,
  daz bezzer got in beiden
  an mir, und sî ich schuldec drane.
  die rœmeschen vürsten ich hie mane,
  daz ir kristenlîch êre mêret.
20 ob iuch got sô verre gêret,
  daz ir mit strîte ûf Alischanz
  rechet den jungen Vîvîanz
  an mînen mâgen und an ir her
  (die vindet ir mit grôzer wer)
25 und ob der heiden schumfentiur ergê,
  sô tuot, daz sælekeit wol stê:
  hœrt eines tummen wîbes rât,
  schônet der gotes hantgetât.
  ein heiden was der êrste man,
30 den got machen began.
307 nû geloupt, daz Êljas und Ênoch
  vür heiden sint behalden noch.
  Nôê ouch ein heiden was,
  der in der arken genas.
5 Jôp vür wâr ein heiden hiez,
  den got dar umme niht verstiez.
  nû nemt ouch drîer künege war,
  der heizet einer Kaspar,
  Melchîor und Baltasân:
10 die müeze wir vür heiden hân,
  die ensint zer vlüste niht benant.
  got selbe emphienc mit sîner hant
  die êrsten gâbe âne muoter brust
  von in. die heiden hin zer vlust
15 sint alle niht benennet.
  wir hân vür wâr bekennet,
  swaz müeter her sît Êven zît
  kint gebâren, âne strît

gar heidenschaft was ir geburt:
20 etslîchez der touf hete ummegurt.
getoufet wîp den heiden treget,
swie daz kint der touf habe ummeleget.
der juden touf hât sundersite:
den begênt si mit einem snite.
25 wir wâren doch alle heidensch ê.
dem sældehaften tuot vil wê,
ob von dem vater sîniu kint
hin zer vlust benennet sint:
er mac sich erbarmen über sie,
30 der rehte erbarmekeit truoc ie.

308   nû geloupt ouch, daz diu mennescheit
den engeln ir stat abe erstreit,
daz si gesetzet wâren,
die unser künne vâren,
5 ze himele in den zehenden kôr.
die erzeicten got alsolhen bôr,
daz sîn werdiu kraft vil stætec
von in wart anerætec.
die selben nôtgestallen
10 von gedanken muosten vallen:
got enliez si niht zen werken komen,
der gedanc weiz wol unvernomen.
dar um des menschen wart erdâht.
sich heten mensche und engel brâht
15 beidiu in den gotes haz:
wie kumt, daz nû der mensche baz
danne der engel gedinget?
mîn munt daz mære bringet.
der mensche wart durch rât verlorn:
20 der engel hât sich selbe erkorn
zer êwegen vlüste
mit sîner âküste
und alle, die im gestuonden,
die selben riuwe vunden.
25 die varnt noch hiute dem menschen bî,
als ob der kôr ir erbe sî,
der den ist zerbe lâzen,

die sich des kunnen mâzen,
daz gotes zorn erwirbet,
30 des sælde niht verdirbet.
309   swaz iu die heiden hânt getân,
ir sult si doch geniezen lân,
daz got selbe ûf die verkôs,
von den er den lîp verlôs.
5 ob iu got sigenunft dort gît,
lâts iu erbarmen in dem strît.
sîn werdeclîchez leben bôt
vür die schuldehaften an den tôt
unser vater Tetragramatôn.
10 sus gap er sînen kinden lôn
ir vergezzenlîchen sinne.
sîn erbarmde rîchiu minne
elliu wunder gar besliuzet,
des triuwe niht verdriuzet,
15 si entrage die helfeclîche hant.
diu beide wazzer unde lant
vil künsteclîch alrêst entwarf,
und des al diu krêatiure bedarf,
die der himel ummesweifet hât,
20 diu selbe hant die plânêten lât
ir poinder vollen gâhen
beidiu verre und nâhen.
swie si nimmer ûf gehaldent,
si warment unde kaldent:
25 etswennez îs si schaffent:
dar nâch si boume saffent,
sô diu erde ir gevidere rêret
und si der meie lêret
ir mûze alsus volrecken,
30 nâch den rîfen bluomen stecken.
310   ich diene der künsteclîchen hant
vür der heiden got Tervigant:
ir kraft hât mich von Mahmeten
under stoufes zil gebeten.
5 des trage ich mîner mâge haz
und der getouften umme daz:

durch menneschlîcher minne gît
si wænent,' daz ich vuocte disen strît.
dêswâr, ich liez ouch minne dort
10 und grôzer rîcheit manegen hort
und schœniu kint bî einem man,
an dem ich niht geprüeven kan,
daz er kein untât ie begienc,
sît ich krône von im emphienc.
15 Tîbalt von Arâbî
ist vor aller untæte vrî:
ich trage al eine die schulde
durch des hœsten gotes hulde,
ein teil ouch durch den markîs.
20 der bejaget hât sô manegen prîs,
ei Willehalm, rehter punjûr,
daz dir mîn minne ie wart sô sûr!
waz werder diet ûz erkorn
in dînem dienste hânt verlorn
25 ir lîp genendeclîche!
der arme und der rîche,
nû geloupt, iuwer mâge lebenes vlust
mir schiubet jâmer in die brust:
vür wâr mîn vreude ist mit in tôt.'
30 si weinde vil: des twanc si nôt.
311   des wirtes bruoder Gîbert
ûf spranc, die küneginne wert
an sîne brust er dructe.
ir herze durch diu ougen ructe
5 vil wazzers an diu wangen.
von dem râte wart gegangen:
die vürsten ûf den palas
giengen, dâ verdecket was
manec tavel hêrlîche.
10 Heimrîch der zühten rîche
zal den vürsten sunder sprach:
'als man iuch gestern sitzen sach,
ieslîche haben die selben want.'
nâch den juncvrouwen wart gesant:
15 die kômen und ouch Rennewart.

dem was besenget sîn junger bart,
des harnasch was tiure und klâr,
er selbe starc und wol gevar.
er legete sîne stangen nider.
20 dar gienc manec ritter sider:
ieslîches kraft sich sô verbarc,
ir neheiner was sô starc,
der si hüebe von der erde,
wan Willehalm der werde:
25 der zucte si ûf unz über diu knie:
daz miten die andern, dise und die.
Rennewart daz drum nam in die hant:
die stangen swanc der sarjant
umz houbet als ein sumerlaten.
30 sîn kraft den kristen kom ze staten.

312   dô des schimphes was genuoc,
den vürsten man daz wazzer truoc
und maneger vrouwen wol gevar,
dar zuo den werden rittern gar.
5 ieslîcher saz an sîne stat.
Heimrîch dô Rennewarten bat
zer küneginne sitzen dort
ûf den teppech an der taveln ort.
dô der nider was gesezzen,
10 er muoste gewâpent ezzen.
man muoz des sînem swerte jehen,
hetez her Nîthart gesehen
über sînen geubühel tragen,
er begundez sînen vriunden klagen:
15 daz liez der marcgrâve âne haz,
swie nâhe er bî der künegîn saz.
     in einem alsô verherten lant
wart nie bezzer spîse erkant
und alsô willeclîche gegeben.
20 swer guotes willen kunde leben,
den gap wirt und wirtin:
ir neheiner truoc mit sünden hin,
swaz er spîse mohte aldâ verzern,
der sich den vînden wolde wern.

25   dô man ezzens dâ verphlac,
ez was wol mitter morgens tac.
die vürsten urloup durch daz
nâmen: si wolden vürbaz
kêren, strîtes si luste.
30 Gîburc si weinde kuste.
313   ê si zir ringen wæren komen,
gezelt wâren elliu abe genomen
und daz her gerottieret,
daz velt überal gezieret
5 mit maneger baniere.
Gîburc diu kom schiere
in diu venster durch schouwen
mit maneger juncvrouwen,
wie mit vürstenlîcher krefte
10 maneger geselleschefte
daz velt wart überdecket.
allenthalben zuo getrecket
ûf die strâzen gein dem mer
kom ein sô wunneclîchez her,
15 daz ez die engel möhten sehen,
kunden si zimierde spehen.
si heten an den stunden
ûf die helme gebunden
manec tiure zimierde klâr.
20 ouch sach man her unde dar
daz velt al überglesten
mit phellen den besten
an den hôchgemuoten werden.
ûf al kristenlîcher erden
25 wart manlîcher zuo komen
von wirtes vriunden nie vernomen.
diz ist ir dan scheiden.
si wellent nû gein den heiden:
got waldes, sît ers alles phliget.
30 der weiz nû wol, wer dâ gesiget.

VII.

314   Rennewarten des ze sehene zam,
wie dirre den schilt ze halse nam
und wie der ander helm ûf houbet bant,
wie die wartman wurden gesant
5 nâch den vînden durch des hers phlege.
beide ûf velde und ûf wege
sunderrotte dar zuo wâren genomen,
ob die vînde wider wolden komen,
daz si vünden widersaz.
10 Terramêres huovekraz
was harte breit und ninder smal.
beide an bergen und an tal
Rennewart lief allez mite,
daz er den manegen sundersite
15 gerne hête bekant.
dô er sînen herren vant,
si wâren wol raste lanc gevarn.
ze dem markîs Terramêres barn
kom geloufen, niht gegangen.
20 der vrâcte in nâch sîner stangen:
'wes sol mich dîn helfe trœsten?'
'dâ sult ir mich vür den bœsten
under allen disen rotten zeln,
welt ir einen ribalt weln.'
25   Rennewart sich schamte sêre:
ez dûhte in grôz unêre,
daz der stangen was vergezzen.
er was halt von dem ezzen
geloufen durch pusîne krach

30 und dô er ûf den helmen sach
315   sô spæhe wunder manecvalt:
       ez enist dehein wîp sô alt,
       derz dicke vür si vuorte,
       ir jugende muot si ruorte,
    5 daz si ir ougen lieze swingen dar.
       vil manec geflôriertiu schar
       Rennewarten dar zuo brâhte,
       daz er gar überdâhte,
       ob er ie stangen herre wart:
   10 sô gâch was im ûf die vart.
       doch truoc er umme sich sîn swert.
       zem markîs sprach der knappe wert:
       'herre, ich wil die stangen holn.
       lât mich schamende arbeit doln:
   15 wan phlæge ich manlîcher site,
       diu stange wære mir gevolget mite.
       ich hân iuch schiere ergâhet.
       ob halt diu naht uns nâhet,
       ich vinde iedoch wol iuwer spor
   20 und der heiden, die dâ rîten vor.'
          der markîs sprach ze Rennewart:
       'dîn widerreise wirt nû gespart:
       eins andern boten ich dich wer,
       der uns die stangen bringet her.'
   25 ein wol geriten sarjant
       nâch der stangen wart gesant:
       der reit hin zÔransche wider,
       dâ diu stange was geleget nider.
       eintweder karre oder ein wagen
   30 nâch dem her die stangen muoste tragen.
316   Heimrîch und sîniu kint
       und ouch die andern vürsten sint
       komen an eine schœne stat,
       aldâ manz her sich legen bat.
    5 wol gehêret wart daz velt:
       preimerûn und manec gezelt,
       ekube, treif und tulant
       man vil dâ ûf geslagen vant.

êz her sich gar gelegete nider,
10 Rennewarte kom sîn stange wider
mit der nâchhuote:
des was im wol ze muote.
aldâ lâgen si die naht.
    des morgens gein der heiden maht
15 sichz her begunde enbœren.
man mohte dâ wunder hœren
von pusînen und von anderm schalle.
nû wolde si aber alle
Rennewart umgâhen,
20 die verren und die nâhen,
dort ein storje, die ander hie.
er wolde prüeven dise und die,
schilte und ir baniere baz,
unz er der stangen aber vergaz.
25 die herberge wurden ane gezunt.
    dô si verre gevuoren, nû wart kunt
mit zorne dem jungen sarjant,
daz diu stange in sîner hant
niht dannen was gevolget mite.
30 in sînem herzen wuohs unsite:

317   schamte er sich gestern sêre,
des wart hiute zwir mêre.
er sprach: 'nû hât mir tumpheit
alrêst gevüeget herzenleit:
5 diu scheidet selten sich von mir.
der dem grimmen vederspil die gir
verhabet, daz hân ich doch gesehen,
man muoz im dâ nâch blûkeit jehen.
wan ich hân mîn selbes gir verhabet.'
10 wider ûf die strâzen wart gedrabet:
snelheit erzeicten sîniu bein.
der knappe huop sich dan al ein:
ein ors von solhem kalopeiz
müeste rêren sînen sweiz,
15 daz im gevolget solde hân:
sô gâch was im wider dan.
er truoc harnasch ob al den liden.

sîn zuht daz kunde niht gevriden:
sîn manheit hete grôzen zorn
20 ze gesellen vür hôhen muot erkorn.
    er sprach: 'waz wunders mac diz sîn,
daz ich der starken stangen mîn
nû zem dritten mâle vergaz?
daz mir diu werdekeit ir haz
25 niht anders mac erzeigen,
ich wæne, daz sol die veigen
bringen under stôdes zil.
waz ob mich versuochen wil,
der aller wunder hât gewalt,
30 und ob mîn manheit sî balt?

318 ich liez durch zuht und durch scheme,
daz ich ze disem noch ze deme
niht sprach mîn wider kêren.
daz sol mîn laster mêren:
5 si wænent, ich sî in entrunnen.
ich hân mich des versunnen,
wirt mîn herre dort bestanden,
der grôzen houbetschanden
suln mîne mâge phlihte hân:
10 daz hœnet manegen edelen man,
die erborn sint von mîner art.
man wænet, daz mîn widervart
sî durch zageheit erdâht:
dâ mite der kus wære gesmâht,
15 den mir gap sîner swester kint,
bî dem in strîte beidiu sint
mîn herze und sherzen wille.
swîge ich dises mæres stille:
ez wirt doch âne mich gesaget.'
20   nû kom der junge unverzaget,
dâ die hütten von loube
mit rôre und von schoube
wâren verbrunnen und begunden brinnen.
er enkunde sich niht versinnen,
25 wâ sîn starkiu stange lac:
vil ummesweifes er dô phlac.

besenget was diu stange:
ez sûmte in harte lange,
unz er si verloschen vant.
30 si was swarz als ein ander brant.
319 nû enruochet, was si ê wæher:
sist nû vester und zæher.
er zucte si ûz dem viure
und lief gein âventiure.
5 　der markîs was sô nâhe komen:
ûf einen berc hete er genomen
sîner helfære vil durch schouwen.
an halden und an ouwen
hiez er stille haben sîn her.
10 zwischen dem gebirge und dem mer
bî Larkant lac Terramêr,
der kreftege von arte hêr
und von sîner hôhen rîcheit:
ûf Alischanz dem velde breit
15 sîne kraft man mohte erkennen.
solde ich si iu alle nennen,
die mit grôzem her dâ lâgen
und sunderringe phlâgen,
liute und lant mit namen zil,
20 sô hete ich arbeite vil.
sô beherberget was daz velt:
niht wan mer und gezelt
sâhen, die des nâmen war.
des begunde zwîveln etslîch schar,
25 die vil genendeclîche
ê dicke in Francrîche
bejageten prîs und ungemach.
　der markîs zin allen sprach:
'vriunde herze und vînde kraft
30 nû prüeve ein ieslîch geselleschaft.
320 die hie durch got sint und durch mich,
ein ieslîch man bedenke sich,
waz er mit strîte welle tuon.
dort liget der Kanabêus sun,
5 Terramêr der rîche,

alsô krefteclîche,
daz wir vür wâr dâ vinden strît.
nû muoz ich vrâgen, des ist zît,
wer vehtens welle ernenden.
10 got sol iu allen senden
in iuwer herze solhen muot,
daz ir iu selben rehte tuot.
ziuwer keinem hân ich daz ervorht:
doch würde daz gotes her entworht,
15 hüebe unser deheiner hie die vluht.
ein ieslîch man durch sîne zuht
spreche, als erz in dem herzen weiz.
als uns nû vil manec puneiz
ze gegenstrîte dringet,
20 swen denne sîn herze twinget
wider hinder sich und niht hin vür,
der hât hie baz an der kür,
daz er nû wider kêre,
danne er die vluht dort mêre.
25 ein ieslîch vürste sîne man
spreche. swem got der sælden gan,
daz er mit strîtes urteil
um daz endelôse heil
noch hiute wirbet, wol dem wart
30 sîner her komenden vart.'
321   Lôîs, der rœmesche krône truoc,
hete vürsten dar genuoc
mit grôzer ritterschaft gesant:
die wurden almeistec dâ geschant.
5 genuoge nâmen in ir muot,
dô si der heiden solhe vluot
dort vor in ligen sâhen,
si wolden wider gâhen
gein dem lant ze Francrîche.
10 sich bereiten sumelîche
und nâmen urloup ze varn wider.
daz gerou si mit schame sider.
swaz zÔransche ûf dem palas
bete gein in ergangen was,

15 michel mêr man si hie bat.
si nâmen urloup an der stat
und jâhen, bî ir zîten
in turnei und in strîten
möhten si dâ heime behalden prîs:
20 si enwolden niemens terkîs
dâ sîn deheine wîle,
daz iemen sîne phîle
in si dâ dorfte stecken.
si begunden wider trecken.
25 ir schemlîch widerwenden
diu kriuze solde schenden,
diu an si wâren gemachet.
ich dinge, daz ir niht lachet,
als ir nû vreischet, wiez in ergêt,
30 aldâ si Rennewart bestêt,

322   der manlîch unverzagete.
der manegen prîs bejagete
(nû meine ich aber den markîs),
der sprach: 'den endelôsen prîs
5 werbent, die nû dâ sîn beliben.
die enwerdent nimmer vertriben
von der durchslagenen zeswen hant,
diu vür diu helleclîchen phant
am kriuze ir bluot durch uns vergôz.
10 die selben hant noch nie verdrôz,
swerz mit einvaldem dienste erholt,
si teilet den endelôsen solt.
die belibene sint zer sælde erwelt.
swer die schaln vor hin dan schelt,
15 der siht alrêst den kernen.
noch hiute sul wir lernen,
wie diu gotes zeswe uns lônes giht.
dehein sterne ist sô lieht,
er envürbe sich etswenne,
20 enruocht, lât sîn: waz denne,
sint uns die hârslihtære entriten?
sint diu wîp dâ heime in rehten siten,
si teilent in drum solhen haz,

daz in stüende hie belîben baz.
25 wir mugen hie sünde büezen
und erwerben wîbe grüezen.
vater und bruoder, nû nemt war,'
sprach er, 'und seht, wie manege schar
wir wellen haben mit der zal.'
30 daz stêt nû an der wîsen wal.'
323   der rœmeschen küneginne solt
wart nû mit prîse aldâ geholt
und die von Pavei Irmschart
hete erkoufet ûf die vart,
5 der neweder von den heiden
durch vluht wolden scheiden:
sîner swester und sîner muoter her
bî dem markîs beliben ze wer.
die dâ vor è dicke ernanden
10 und manegen sturm erkanden,
rasûnten sich ze vünf scharn.
innen des die vlühtegen wâren gevarn
an die enge ze Pitît Punt.
widersaz wart in dâ kunt.
15 al die wîle si zogeten her,
maneger slahte was ir ger.
etslîcher wolde sehen wîp:
sô wolde der ander sînen lîp
eisieren mit maneger sache
20 nâch dem grôzen ungemache,
daz er unsanfte was gelegen.
dâ wider der ander wolde phlegen
vintûsen an sich setzen
und arbeit sich ergetzen.
25 der jach, daz nie sô guot gezelt
kœme ûf wisen noch ûf velt,
er ennæme eine kemenâten
dâ vür, wol berâten
mit senften phlûmîten:
30 tôren solden strîten
324   mit sô manegen Sarrazînen:
'wir suln ûz disen pînen,

dâ wir gemach vinden grôz.
jâ sint der Sarrazîne geschôz
5 gelüppet sam diu nâtern biz.’
si wolden, daz kein bilwiz
si dâ schüzze durch diu knie.
   dô Rennewart sach vlühtec sie,
im was mit zorne gein in gâch.
10 ê daz er zir deheinem iht sprach,
ir lâgen wol vünf und vierzec tôt.
si enmohten von der grôzen nôt
niht entwîchen an der enge.
ez dûhte si harte lenge,
15 ê si gewunnen künde,
war um er die grôzen sünde
âne schult hin zin begienge.
war um erz sus ane vienge,
des vrâcten die rîchen.
20 er liez et nâher strîchen
sîns êrsten strîtes urhap:
alze vil er in des gap.
sî wâren sunder harnasch blôz.
genuoge der wer aldâ verdrôz,
25 etslîcher begunde sich ouch wern:
der enwederz mohte si ernern.
swaz er ir mohte erlangen
mit sîner grôzen stangen,
der wart vil wênec von im gespart.
30 dô gerou si diu widervart.
325   genuoge under in begunden jehen,
in wære al rehte geschehen:
si slüege aldâ diu gotes hant,
von der si vlühtec wæren gewant.
5 ‘wir haben niht solher wîte,
daz wir gein disem strîte
uns ze wer mugen berüeren.
wolde Rennewart uns vüeren
in sînem dienste hinnen,
10 er möhte an uns gewinnen
widersaz gein der heiden her.

hie sî wir blôz mit kranker wer.'
  nû hete ouch Rennewart gevalt
  ze beider sît ungezalt
15 des volkes âne mâze
  iewederhalp der strâze.
  die rîchen und die armen
  begunden im erbarmen.
  dô er erswanc wol diu lide,
20 er liez si sprechen nâch dem vride,
  unz daz er vernæme,
  wie ir widervart gezæme.
    dô sprach under in ein wîse man:
  'dû hâs uns âne schult getân
25 dise grôzen ungevüegen nôt.
  hie liget maneger vor dir tôt,
  der nie deheine schult getruoc
  an smâcheit, der dir bôt genuoc
  von Rôme der künec Lôîs,
30 der an dir verkrancte sînen prîs.
326   nû volge, als wir dich lêren:
  dû solt mit uns wider kêren.
  wir hœhen dîne werdekeit,
  sô daz dîn schemlîchez leit
5 nâch dînem willen wirt gestalt.
  wiltû dienstes wesen balt
  den wîben nâch ir minne,
  dîner vreuden gewinne
  suln grôzem trûren ane gesigen.
10 wiltû aber in tavernen ligen,
  dâ wirt geisieret sô dîn lîp,
  swaz vreuden möhten geben wîp,
  diu wære hie gein ze nihte,
  als ich dich nû berihte.
15 wir suln trinken manegez kunnen
  und in die klâren brunnen
  hâhen gutterel von glase,
  dâ grüener klê und ander wase
  under boume schate müge sîn.
20 wir suln ouch parrieren den wîn

mit guoter salveien.
sus sul wirz leben heien.
wir suln ouch hœren klingen
den wîn vom zaphen springen,
25 als den hirz von ruore.
in der hitze bî disem muore
sî wir gar zellende:
dort habe wir manec geslende,
dâ mite wir suln den lîp gelaben.
30 an die widervart soltû dich haben:
327   daz râtent alle, die hie sint.
der markîs væhte um den wint:
doch ist den wîsen allen kunt,
küene eber zagehaften hunt
5 vliuhet zeteslîcher zît.
swâ der markîs vünde strît,
daz wære diu kurzwîle sîn,
als ein kint, daz snellet vingerlîn.
er wil aber ein niuwe her verliesen.'
10 'mac ich niht anders kiesen
an iu deheine manheit?'
sprach Rennewart. mit in er streit:
der junge unverzagete
den vride in widersagete.
15   sich huop alrêst ir ander val.
gein der brücke was ein tal
mit velsen hôch ze beider sît:
ir deheiner mohte von dem strît
niht entvarn noch entvuor:
20 ietwederhalp der brücke ein muor:
dâ enmohte ir deheiner komen durch.
Rennewart die tôtlîchen vurh
mit sîner grôzen stangen ier.
er rief hin zin: 'welt ir mir
25 iuwer helfe gein den heiden swern,
daz mac iuch wol vor mir ernern.'
durch den vride von sîner stangen
die eide wâren schiere ergangen:
si zogeten wider al gelîche,

30 beidiu arme und rîche.
328   dô si kômen über al
     ûz an die wîte vür daz tal,
     Rennewart kom dâ vür sie.
     si zogeten nâch im, dise und die:
 5 ze vuoz huop er sich vor in dane.
     abe was genomen des rîches vane,
     durch daz wande in des rîches her
     was entwichen von der wer.
     ein lieht sterne von golde,
10 als der markîs wolde,
     in einem samît gar blâ
     ob sîner schar swebete aldâ:
     Arnalt von Gerunde
     bî dem markîs reit dar unde.
15 nû hete der alde Heimrîch
     die ander schar krefteclîch.
     wer der dritte scharherre sî?
     der rîche Buov von Komarzî
     und der küene Bernart von Brûbant:
20 die wâren genendec beide erkant.
     diu vierde schar ze herren nam
     Gîbert und Bertram.
     wer der vünften schar herre was?
     der schêtîs und der von Tandarnas:
25 die zwêne heten sich bewegen,
     si wolden vorvehtens phlegen.
     wie manec tûsent ieslîch schar
     hete, des wil ich geswîgen gar.
     waz touc diu hant vol genant
30 gein dem her ûz al der heiden lant?
329   der markîs herzeichens ruof
     ieslîcher schar dâ sunder schuof.
     Munschoie al die sîne
     schrîten in grôzer pîne
 5 gein maneger storje überkraft.
     Heimrîches des alden geselleschaft,
     ir herzeichen was Narbôn,
     den vînden angestlîcher dôn.

     diu dritte schar rief Brûbant.

10 Bernhartes vanen an sîner hant
     vuorte der starke grâve Landrîs:
     der hete ervohten manegen prîs.
     wie diu vierde schar dô schrîte
     gein überlast in strîte?

15 ir ruof was Berbester.
     etslîch durch sandern swester
     dâ tet ritterlîche tât.
     wert minne gît ellenthaften rât.
     diu vünfte schar rief Tandarnas:

20 der schêtîs âne lant noch was.
      nû kom geloufen Rennewart,
     ê daz si gein ir strîtes vart
     mit scharn riten ûf Alischans.
     sîne stangen er al bluotec dans.

25 er begunde vrâgen mære,
     wâ sîn herre wære.
     der hielt vor im ûf Volatîn.
     dô sprach er: 'herre, lât wesen mîn,
     die man durch vluht hie hât vür zagen.

30 si wellent durch mich nû prîs bejagen:

330   si hânt ir untât erkant.
     grôz werdekeit hât in gesant
     in ir herze solhe gir,
     daz si wellen helfen vehten mir

5 gein dem künec Tîbalt von Kler.
     dem enmac gevrumen dehein sîn wer,
     ez sî swert oder boge.
     ich was sô lange ir magezoge,
     unz ich si mit disem rîse

10 twanc widervart nâch prîse.'
      der markîs sach die wârheit:
     Rennewartes her dem velde breit
     gap manegen stoup von storje grôz.
     er sach vil swertes blicke blôz

15 und manegen gezimierten helm
     sach er glesten durch den melm,
     manec banier, wol gemâltiu sper

sach er gein im vüeren her,
dâ bî manec scharphe lanze.
20 sant Dionîse de Franze
gunde sînem lande slasters niht.
noch hœrent ungerne, swâ mans giht,
die werden Franzeise
die vlühteclîchen reise:
25 in tuot daz wider komen baz.
ich hete ouch ê der vlühte haz.
    der markîs sprach ze Rennewart:
'ob disiu wider komende vart
durch dînen willen ist getân,
30 sô wol mich dan, daz ich dich hân!

331 bistû von solher art erkant,
daz dich rîchen sol mîn hant
(ich meine, under mir, niht obe),
sô bringe ich dich ze solhem lobe,
5 gan diu hœste hant des lebens mir,
daz nie vürsten soldier
vür dich wart baz gêret:
dîn wirde wirt gemêret.
bistû aber hôher, danne ich bin,
10 sô trage ich dir dienestlîchen sin
und allez mîn geslehte:
daz erteile ich in von rehte.'
Rennewart sprach zem markîs:
'herre, mac mîn hant deheinen prîs
15 an den Sarrazînen bejagen,
den lôn wil ich von iu tragen
und einen solt, den ich noch hil:
mirst halt gedanke dar ze vil.
nemt ir mich von herzesêre,
20 daz mac iu vüegen êre.'
    die Franzoise zuo zim dar
geriten kômen mit maneger schar.
der markîs nam die hœsten dane,
er sprach: 'sît iuch nû ellen mane,
25 daz ir iuch selben habet erkant
und iuch her wider hât gesant

iuwer sælde âne ende
zer krefteclîchen hende,
diu der helle porten brach
30 und der Adâm urlœsunge jach

332   und sîner nâchkomen genuoc.
durch die selben hant man sluoc
einen grôzen ungevüegen nagel:
daz was der helle wuochers hagel.
5 ir sît an zwîvel ê gesehen:
nû muoz man sælde und ellens jehen
durch reht ieslîchem Franzois.
Pêter, des himels portenois,
der gotes tougen vil vür wâr
10 heimlîche erkande manec jâr,
dar zuo er si offenlîche sach:
von zwîvel im drîstunt geschach,
daz er an got verzagete.
hôhen prîs er sît bejagete:
15 sîn manheit wart alsô wert,
dâ enzucte niemen mêr sîn swert
bî Jêsus gein den juden ze wer.
alsô wil der Franzoisære her
in die gotes helfe kêren
20 und ir sælekeit gemêren.
nû bindet die marter wider ane:
mit rehte sol des rîches vane
daz kriuze tragen, dar nâch gesniten,
dâ unser heil wart ane erstriten.
25 dô uns des rîches her entreit,
dem vanen wir buten smâcheit,
daz wir in schuben in einen sac.
iuwer kunft uns sæleget disen tac:
diu bringet skriuzes werdekeit.'
30 er gap in wider ir vanen breit:

333   'sît ir iuch vehtens habet bedâht',
sprach er, 'rottiert al iuwer maht
zeiner schar: diu wirt krefteclich.
iuwer helfe trœste ich mich:
5 Rennewart sî under iuwerm vanen.

ir sult ein ander ellens manen:
iuwer herzeichen sî bekant,
als Rennewart ist genant.'
    von knehten wart dâ niht gespart,
10 si schrîten lûte: 'Rennewart,
dû solt die vlühtegen haben dir.'
ein der künegîn soldier
hete sich verstoln durch sînen prîs
ûz der schar von dem markîs:
15 des man im sît vür ellen jach.
einen wartman er halden sach,
ûz der heiden her aldar geriten.
dâ enwart tjostieren niht vermiten.
in hete dâ niemen mêr gesehen:
20 dô muoste ein solh tjost geschehen,
des der Franzois und der Sarrazîn
beide geprîset müezen sîn.
der heiden sînen puneiz
sô sêr nam ûz dem kalopeiz,
25 daz sîn tjost wart mit krache hel.
der Franzois reit ein ors vil snel,
daz er mit sporn sô sêre treip,
daz sîn sper dem Sarrazîne beleip
durch den arm, ê durch den schilt,
30 mit hurte unz ûf die brust gezilt.
334   der Franzois vuorte sheidens sper
in sînem schilte wider her.
des Sarrazînes kêre
was wider gein Terramêre:
5 dâ die vier nagel sint bekant,
ein sper durch sînen schilt man vant.
sus sol der wartman wider komen.
    schiere daz mære wart vernomen
an Terramêres ringe,
10 daz die Kerlinge
mit scharn riten gein Alischanz.
Tesereiz und Vîvîanz
gerochen wurden ze beider sît.
nû nâhtz der urteillîchen zît,

4*

15 daz man mit swerten muoz bejagen,
swer sigenunft wil dannen tragen.
der wartman mit zorne sprach,
dô er Terramêren sitzen sach:
'swaz kummers iuwerm her geschiht,
20 daz welt ir haben doch vür niht.
ir liget hie ungewarnet,
daz ir noch hiute erarnet:
seht, waz iuwer kraft des tuo.
die Franzoisære rîtent zuo:
25 ir möhtet iuchs vor wol hân bedâht.
hînte was diu dritte naht,
Franzoisære hardieren
uns wol kunde punieren
immer, swâ diu enge was.
30 die selben riefen Tandarnas.

335   dâ verlurt ir liute und ander habe.
ich wart aldâ gestochen abe
bî des mânen schîne.
mîn tjost ouch lêrte pîne
5 einen ritter, der mich valte nider:
daz selbe tet ich im hin wider.
swaz iemen kummers durch iuch neme,
daz ahtet ir, als ein kleine breme
viele ûf einen grôzen ûr.
10 Willehalm der küene punjûr
vüeret ûz der Franzoisære lant
manegen tjostiur nâch prîse erkant.
ich binz der schahteliur von Kler:
gein der Franzoisære her
15 hân ich einlefstunt gestriten:
daz enwirt ouch hiute niht vermiten.
Tîbalt ist der herre mîn:
der sol noch hiute der êrste sîn
an die ritter, ob ir erloubetz im.
20 daz urloup von iu ich nim.':
      Terramêr zem wartman sprach
'helt, mirst leit dîn ungemach.
dîn kursît ist bluotes naz.

man sol durch reht dich halden baz
25 danne einen, der die tjost verlac,
der dîn hôher muot dort phlac.
dû bringes wartmannes mâl.
nû sage mir, helt, al sunder twâl
der Franzoisære gelegenheit.
30 ob si entrunnen, daz wære mir leit.'

336   'nû geloupt mir,' sprach der schahteliur,
'Willehalmes her durch âventiur
noch hiute wâget manegen lîp.
daz Arâbel, mînes herren wîp,
5 ie von brüsten wart genomen,
daz mac uns wol zunstaten komen.
ir seht si schiere zuo iu varn
mit sehs geflôrierten scharn:
dâ koment die gernden inne
10 nâch prîses gewinne.
daz beweint etslîches âmîe,
ieslîcher schar krîe
hân ich sunder dort gehôrt.
dâ srîches vane haldet dort,
15 die rüefent alle Rennewart:
daz gehôrte ich nie mêr ûf ir vart.
Franzoisære wellentz wâgen:
iuwern mannen und iuwern mâgen
und von Vrîende den gesten
20 wil hiute ze schaden glesten
der sterne ûz smaregrâven vanen.
nû sult ir Ehmereizen manen:
vierzehen künege mit sunderher
brâhte er mit im über mer,
25 der wurden im sibene alhie erslagen.
wil der tôten künege her nû klagen
genendeclîch ir herren tôt,
des koment die Franzoise in nôt.
wir haben hie volkes dannoch mêr
30 in dem selben herzesêr.'

337   Terramêr der rîche
sînem rehte sprach gelîche:

'bistûz von Kler der schahteliur,
der sô manec âventiur
5 mit spern hât versuochet,
swes danne dîn wille geruochet
an mich mit lêhen oder mit gebe,
des warte ûf mich, die wîle ich lebe.
dar zuo hâstû der wîbe lôn
10 und in manegen landen hellen dôn,
dâ man sprichet dîne werdekeit:
diust beidiu hôch unde breit.'
    'sage mêr,' sprach der von Tenabrî,
'wære dû den Franzoisen sô nâhen bî,
15 daz dû ir krîe hôrtes sunder,
kumt Lôîs dar under,
des houbet rœmesch krône treget,
des wirt al mîn maht erweget.
dû gihs, dâ kome des rîches vane:
20 billîche ich gein des künfte mane
rîche und arme, swen ich mac.
uns ist erschinen der geltes tac,
daz wir Pîneles tôt
suln klagen mit der getouften nôt.
25 Tesereiz und Noupatrîs,
die zwêne künege manegen prîs
heten und der bruoder mîn,
Arofel: des muoz ich sîn
âne vreude, ich engereche sie.
30 ich bite iuch alle, dise und die,

338   vürsten und der künege her,
die durch unser gote alhie ze wer
und durch diu wîp den lîp verlurn,
die ûf Alischanz ir tôt erkurn,
5 iuwer deheinen des betrâge,
rechet herren und mâge.
ir habet alle wol vernomen
der schuldehaften zuo komen.
    in mîner jugent kunde ich den lîp
10 wol zimieren durch diu wîp:
daz erteile ich noch den jungen.

dô mir êrste die grene entsprungen,
mich nam diu minne in ir gebot
noch sêrer danne dehein mîn got:
15 durch die gote und durch die minne
nâch prîses gewinne
sul wir noch hiute werben
alsô, daz vor uns sterben
Lôîs Rômære,
20 dâ ich billîcher wære
herre. ir hœret michz lange klagen,
mîn houbet solde rœmesch krône tragen,
dar um mîn veter Bâligân
verlôs manegen edelen man.
25 ûf rœmesch krône spriche ich sus:
der edel Pompêjus,
von des geslehte ich bin erborn,
(ich enhân die vorderunge niht verlorn)
der wart von rœmescher krône vertriben.
30 zunrehte ist manec künec beliben
339   dâ sît ûf mînem erbe:
ich wæne, ez noch manegen sterbe.'
vür Terramêren was geboten
bî al der heidenschefte goten
5 und ouch bî sîn selbes kraft
maneger rîchen geselleschaft,
künegen von manegen landen.
die sprâchen von den schanden,
die der heilege Tervigant
10 und Mahmete hête erkant
und ir werder got Apolle.
si sprâchen ouch von dem zolle,
den si dem tôde müesten geben.
si jâhen, in wære unmære ir leben,
15 si engeræchen ê den schaden baz.
an disem râte maneger saz,
eskelîre und emerâle,
amazûre al zemâle
und die hœsten künege über al daz her.
20 etslîcher überz vünfte mer

mit maneger rotte dar was komen:
heten marnære von den iht genomen,
daz enahte ich niht vür wunder.
dâ sâzen ouch besunder
25 vil vürsten, die dâ heten verlorn
ir herren. durch daz wart gesworn
ein hervart ûf die kristenheit:
si wolden rechen herzenleit
und al ir goten vüegen prîs.
30 Ôransche und Pârîs

340   si zevüeren solden.
dar nâch si vürbaz wolden
ûf die kristenheit durch râche.
Terramêr den stuol dâ zÂche
5 wolde besitzen und danne ze Rôme varn,
sîner gote prîs alsô bewarn,
die Jêsus helfe wolden leben,
daz die dem tôde wæren gegeben.
sus wolde er rœmesche krône
10 vor sînen goten schône
und vor der heidenschefte tragen.
    dô der wartman sus begunde sagen,
diu hervart wart wendec.
Terramêr was doch genendec.
15 er sprach: 'iuwer aller helfe ich ger.
der Karles sun dâ gein mir her
rîtet: sît daz des rîches vane
von den kristen ist gebunden ane,
si bringent ir rehten houbetman,
20 des vater mir vil hât getân.
nemt alle mîns gebotes war:
ich wil haben zehen schar,
der ieslîch baz gerittert sî
danne der grœsten schar drî,
25 die mîn veter Bâligân
in sturm gein Karle mohte hân.
swie vil mir hers sî tôt gevalt,
ich hân noch hers ungezalt,
daz niemen wol geprüeven mac.

30 swem herre oder mâc hie tôt belac
341 oder sus sîn liep geselle,
der rechez, ob er welle,
dar nâch als in sîn ellen mane.
neve Halzebier, nû sol dîn vane
5 hiute der êrste an die ritter sîn.
ich getrûwe wol der manheit dîn.
die vürsten zuo dir drunder nim
Pînels von Assim,
den mir Kâtor sande
10 werdeclîch ûz sînem lande:
er hete kindes niht wan in.
Pînels ich immer jæmerec bin.
der vater ist mit dem sun erslagen:
ich meine, sô sêre beginnet er klagen.
15 ich schaffe ouch zuo dem vanen dîn
die von Oraste Gentesîn,
die der süeze Noupatrîs
brâhte. die hânt manegen prîs
erstriten mit rœrînen spern:
20 si beginnent ouch hiute tjoste gern.
ir herren herze truoc ein wîp:
durch die verlôs er hie den lîp.
den vürsten ûz dem lant ze Kânach
an Galafrê alsam geschach.
25 von Sêres Eskelabôn
und von Boktân rois Talimôn,
der minne gernden künege her
alle vünf schaffe ich dir ze wer.
ir herren ie nâch minne striten,
30 unz si der tôt hât überriten.’
342   Halzebier sich vreute sêre:
ez dûhte in grœzlîch êre,
daz er solde gâhen,
die vînde vor emphâhen.
5 âne sîn selbes her über vünf lant
diu her ze helfe im wâren benant.
Terramêr sprach ze Tîbalt:
‘gedenke, helt, dû wære ie gezalt

zer unverzageten manheit:
10 lâ dir hiute wesen leit,
daz dich mîn tohter ie verliez,
als si ir unsælde hiez.
dîne milte und dîne güete
und dîn ritterlîch gemüete
15 und dînen vlæteclîchen lîp
den möhte ein sældehaftez wîp
immer gerne minnen,
diu sich wîpheit kunde versinnen,
und dîn rîcheit und dînen hôhen art:
20 reht minne wære ze dir bewart.
nû soltû manlîche tuon,
dû und Ehmereiz dîn sun:
ir habet hie hers grôze vluot.
Ehmereiz, dîn hôher muot,
25 swederthalp der edelt hin,
daz wirt an prîse dîn gewin,
nâch dînem vater oder nâch mir.
dîns vater ellen râte ich dir:
sô bistû in allen landen
30 bewart vor houbetschanden.'
343   der manlîch und der kurtois
Tîbalt der Arâbois
sprach: 'herre, ir sprechet iuwer zuht.
doch hât diu werdekeit ir vluht
5 nû lange von mir erzeiget:
hete ich prîs, der wart geneiget.
ir gâbet mir, des ich iuch bat:
diu gâbe al mîner vreude mat
und mînem hôhen prîse sprach,
10 dâ man mich bî etwenne sach.
mîn laster ist nû lange breit.
sît hân ich etslîch herzenleit
iuwer tohter nâch gesendet,
diu mich sus hât geschendet.
15 bî mînem sune Ehmereiz
alsolhe hers vluot ich weiz:
sul wir bî ein ander varn,

daz wir uns zuo zein ander scharn,
wir geben al den getouften strît,
20 die dâ koment ze beider sît
durchz rîche und durch den markîs.'
geflôriert in manege wîs
wart der von Todjerne.
si beide striten gerne,
25 Tîbalt und Ehmereiz:
kreftec wart ir puneiz.
     der heiden schar sint nû zwuo.
Franzoisære riten sanfte zuo:
Halzebier durch strîten kom gein in.

344 30 dâ wuohs dem jâmer sîn gewîn.
     der künec von Bailîe
Sînagûn der valsches vrîe
der dritten schar was houbetman.
ich wil iu nennen, ob ich kan,
5 wen Terramêr zuo zim dô schuof,
vil maneger krîe sunderruof:
daz her des künec Tampastê
und die der künec Fausabrê
brâhte ûz Alamansurâ.
10 die wâren gezimieret noch aldâ,
si kunden ritterschaft wol tuon.
und die der künec Turpîûn
brâhte von Falturmîê:
ir strît tet den getouften wê.
15 die brâhte der künec Arfiklant
und des bruoder Turkant,
ouch bî Sînagûne riten:
von den wart dâ wol gestriten.
in Sînagûnes puneiz
20 vuor daz her des künec Poufameiz
von Ingulîe des geflôrten.
elliu ôren nie gehôrten
von im nie valschlîchen site:
der wîbe lôn im wonte mite
25 unz an sînen ritterlîchen tôt,
der minne er sich ze dienste erbôt.

disiu her wâren elliu herrenlôs.
diu kristenheit von in verlôs
manegen ritter, ê der sturm ergienc,
30 der sêle got in den himel emphienc.

345   Terramêr von Suntîn
sprach: 'die zehen süne mîn,
ir sult haben die vierden schar.
nemt mîns unverzageten ellens war,
5 daz ich in iuwern jâren truoc,
dô man mir prîses jach genuoc.
ir sît künege über zehen rîchiu lant:
iuwer ieslîchem sunder ist benant
vil künege, die niht versmâhent,
10 daz si krône von iu emphâhent.
gein den getouften werden
sult ir unsern goten ir erden
mit sigenunft gebreiten.
ir sult ouch bî iu leiten
15 iuwers vetern her schône,
die von Samargône
und die vürsten gar ûz Persîâ.
Arofel hât si dicke aldâ
vil ritterlîche gelêret,
20 daz ir prîs wart gemêret.
an des ringe ir lâget hie,
nû denket hiute, daz er ie
iuwer ieslîchen ze sune erkôs,
unz er den lîp durch iuch verlôs.
25 ach, wer sol nû minne phlegen,
sît sô hôher prîs ist tôt gelegen?
waz wunders tet der Persân!
kunnen diu wîp iht triuwe hân,
sît wir alle sîn von wîben komen,
30 ir jâmer wirt nâch im vernomen.

346   gebet iuwer jugende hôhen muot.
ir habet hôhen art und solhez guot,
ir muget wol volkes herren sîn.
wîbe süeze und ir minneclîcher schîn
5 sol iuch hiute lêren

iuwern prîs bî vinden mêren
gein den, die gein iu vüerent prîs.
durch waz wart der markîs
genant Willehalm der punjûr?
10 dâst im vil dicke worden sûr
iuwer swester minne
nâch prîses gewinne
gein der rehten manheit geburt.
ir sult noch hiute den strîtes vurt
15 alle zehene vor mir versuochen.
wellent wîp des geruochen,
etslîchiu gît iu drum ir lôn.
der alde dâ von Narbôn
gein mir hetzet sîniu kint:
20 mîner süne zehene sint,
die ich im zemphâhene sende.
   Poidjus von Vrîende
und von Grifâne der rîche,
nû wirp hiute ritterlîche:
25 diu vünfte schar sol wesen dîn.
Tesereizes her, des neven mîn,
die küenen Seziljoise
suln hiute die Franzoise
under dînen vanen dringen,
30 dâ swert durch helme erklingen.

347   Tesereizes vürsten nim ze dir.
geloube in allen und ouch mir,
Grikuloisen und den Latriseten,
ir herren herze was erjeten,
5 daz man nie valsch dar inne vant.
er was künec über vünf lant:
durch dîn ellende,
daz dû uns kœme ûz Vrîende,
und durch sippe und die triuwe sîn,
10 niht durch die rîcheit dîn,
was er dir dienstes undertân
in der mâze, als ob er wære dîn man.
den soltû hiute rechen,
von des tôde müezen sprechen

15 immer guotiu wîp ir klage.
von dem êrst erschinenen tage
unz an des jungesten tages schîn
muoz Tesereiz geprîset sîn
vür al Adâmes geslehte,
20 swer prîs wil prüeven rehte.
nû sît ir mîner kinde kint,
die hie mit maneger storje sint,
Poidjus und Ehmereiz:
swâ ich iuch beide in strîte weiz
25 und ouch die zehen süne mîn,
mîn herze hât den selben pîn:
dâ sleht man ûf mîn selbes verh.
diu rede ist wâr und ninder twerh:
Halzebier und Sînagûn,
30 ietweder ist liebehalp mîn sun.

348   mîner mâge sol noch mêr hie sîn.
von Gamfassâsche Aropatîn,
dîn rîche hât vil wîte:
dû solt hiute gein dem strîte
5 die sehsten schar vüeren.
die dîne hervart swüeren,
künege und vürsten, dîne man,
die mahtû gerne bî dir hân.
ez stêt wol dîner krône,
10 ob dû nâch der gote lône
und nâch dîn selbes prîse,
ob dichs diu minne wîse,
noch hiute in strîte kummer dols
und der wîbe lôn ze rehte erhols,
15 dâ man hurte nimt und hurte gît.
stêt dîn herze in den strît,
dû hâs sô manegen ritter guot:
den Franzoisen schaden tuot
dîns hurteclîchen poinders krach
20 sol si wol lêren ungemach.
krefteclîch an dînem ringe ich weiz
den künec Matribleiz:
der hât vil hers bî dir dâ,

bråht ûz Skandinåvîå:
25 in Gruonlant und in Gaheviez,
der werden er då keinen liez.
hiest der künec von Askalôn
durch dich, der stolze Glôrîôn.
gip manlîch ellen dîner jugent:
30 daz lêrt dich in dem alter tugent.'
349   Terramêr sprach dô: 'helt Josweiz,
nû denke, ob dir ie guot geheiz
von guotes wîbes munde
ie ze keiner stunde
5 widervuor durch ritterlîche tât:
lå dir die minne geben råt.
des küenen Matûsaleses barn,
dû solt hiute der gote prîs bewarn.
Matûsales dich sande mir.
10 mîne måge und ich getrûwen dir:
dû bist mîner kinde œheimes sun.
die von Hippopotitikûn
unz an Agremuntîn
sitzent, die müezen sîn
15 diensthaft dîner krône.
nåch der gote lône
soltû hiute arbeiten
und die sibenden schar leiten.
von Jamfûse Korsant
20 sîne krône hât von dîner hant
und von Nourîente Rûbûâl:
der selbe künec hât al diu mâl,
diu ich an geprîstem herzen weiz.
her kom ouch durch dich Pohereiz,
25 der künec von Etnîse,
der gernde nåch dem prîse,
und der künec von Valpinôse
Talimôn der gar unlôse:
wan swå er gein vînden hête haz,
30 hôhes muotes er då niht vergaz.
350   die vier künege hie durch dich
sint. nû sol dîn gerich

über dîner basen tohter sîn:
diu was etswenne diu tohter mîn,
5 ê si sich Jêsuse ergap.
sît wuohs ir unsælden urhap.
Franzoise und Alemâne
durch si ûf disem plâne
mich suochent hie mit ritterschaft,
10 daz ich mîner wîten kraft
niht mac geniezen und der gote.
    Poidwîz von Râbes, ze dînem gebote
soltû hân die ahten schar.
under dînen vanen schaffe ich dar
15 daz her des künec Tenabruns,
des werden von Liwes Nûgruns:
ir herre ûz prîse nie getrat.
Libilûnes her von Rankulat
sol dînes vanen ouch warten:
20 die suln noch hiute scharten
houwen durch vil herten helm,
dâ von begozzen wirt der melm.
bî dir sol ritterschaft ouch tuon
daz her des künec Rûbîûn:
25 von Azagouc diu swarze diet
sint poinders hurte gegenbiet.
dû hâs ouch turkopel vil
und bist wol in der krefte zil:
âne mich deheines küneges her
30 hât hie sô maneger slahte wer.'

351   'mîn tohter vrumt mir herzesêr,
Arâbel' sprach dô Terramêr:
'daz klage ich guoten vriunden.
mîne schar die niunden
5 soltû vüeren, künec Marlanz
von Jêrikop. ûz strîte ganz
dû sper noch schilt nie brâhtes,
swâ dû vînden ie genâhtes:
nû tuoz durch dîne werdekeit,
10 hilf hiute rechen mir mîn leit.
ich schaffe dînem vanen bî

den sun des künec Ankî
und rois Margot von Pozzidant
under dînen vanen ouch sî benant
15 und rois Gorhant von Ganjas.
lûter grüene als ein gras
ist im hürnîn gar sîn vel:
sîn volc ist küene unde snel.
dû maht die vînde wênec sparn:
20 die gote müezen dich bewarn.'
    nû wâren ouch die getouften komen.
des wart ûf Alischanz vernomen
von spern manec lûter krach:
trunzûne wurden sveldes dach.
25 die tjostiure ze beider sît
mit einem buhurt huoben strît,
Franzoise und Sarrazîne.
Jêsus habe die sîne:
die andern ûz al der heiden lant,
30 der müeze phlegen Tervigant.
352   den selben got hiez Terramêr
und ander sîne gote hêr
setzen ûf manegen hôhen mast.
daz was iedoch ein swærer last:
5 karrâschen giengen drunder.
die zugen dâ besunder
gewâpendiu merrinder:
starke liute (ez wâren niht kinder)
menten si mit garten.
10 Terramêr begunde warten,
wie von golde und mit gesteine
lûter unde reine
sîne gote wâren geflôret.
er selbe was vertôret,
15 daz er an si geloupte
und sîn alter wîsheit roupte,
als ob er wære nâch jugende var.
    nû wart alrêst sîn zehendiu schar
gerottieret krefteclîche.
20 'niun künecrîche,'

    sprach er, 'ze mînen handen sint
âne diu dâ habent mîniu kint:
swaz vürsten mir dar ûz sint komen,
under mînen vanen die sîn genomen
25 und al der tôten künege diet,
der herre hie von lebene schiet,
âne die ich vor mir hân benant
in die schar, die ich vür mich hân gesant'
sprach Terramêr von Suntîn:
30 'die andern warten alle mîn.'

353   'Ektor von Salenîe,
ich wæne, dehein âmîe
dich sande her' sprach Terramêr:
'ich wæne doch, dîn ummekêr
5 âne den tôt sol niemen hie gesehen.
man muoz dir manheite jehen:
mîn vater ungerne vlôch,
Kanabêus, der dich zôch.
dû treges krône von mînen vanen:
10 des lêhens muoz ich dich hiute manen.
nû nim den vanen in dîne hant:
der gote scherm sî den benant,
die bî dir drunde rîten
und durch mich hiute strîten.
15 swaz künege ouch belêhent sîn
zuo dem harnasche mîn,
die bringenz al bereite her.
ritterschaft ist mîn ger.'
    ein tiure phelle von golde,
20 gesteppet, als er wolde,
von palmât ûf ein matraz,
dar ûf Terramêr dô saz
vor sînem gezelte ûf den plân.
von Ormalereiz Putegân
25 dô kom, der wol geborne:
der truoc krône von dem horne,
daz er blâsen solde,
sô er wâpen tragen wolde,
der süezen Gîburge vater.

30 Brahâne, sîn ors, verdecken bater.

354   Terramêr der wîse man
       sprach: 'mich wænt erslichen hân
       der Karles sun Lôîs,
       als mir tet sîn markîs:
  5 der kom ûf Alischanz geriten.
       dâ enwart sô lange niht gebiten,
       unz ich mich sô bewarte,
       daz ich mîn her gescharte:
       dâ von emphienc ich herzenleit.
10 al mîner gote heilekeit
       solde erbarmen und guotiu wîp,
       daz ich sô manegen werden lîp
       ûz mînem geslehte alhie verlôs.
       mîn selbes bruoder ouch hie kôs
15 sîn ritterlîchez ende,
       mirst gesaget von des hende,
       den mîn tohter minnet,
       diu sich niht versinnet,
       waz si durch in hât verlorn,
20 daz si unser gote hât verkorn
       und ir wîtiu lant und ir rîchez leben
       hât um armuot hie gegeben.
       si liez ouch Tîbalden,
       den süezen einvalden,
25 den milten und den rîchen,
       den klâren manlîchen,
       der emphienc nie valscheit enkein.
       wie vert diu sunne durch edelen stein,
       daz er doch scharten gar verbirt?
30 alsô wênec hât ie verirt

355   Tîbalden den genenden,
       swaz man saget von missewenden:
       sîn herze was vor valsche ie blint
       durch daz kôs ich in zeinem kint,
  5 ich gap dem ellens vesten
       der sunnen widerglesten,
       Arâbeln die vil klâren,
       in ir beider jungen jâren.

der schaden ich nû schaffe,
10 ûz mînes herzen saffe
ist doch ir liehter blic erblüet.
aller sêrest mich nû müet,
ich hân gelesen, daz Dâvît
gein sînem kinde ouch hête strît.
15 Dâvît smæhen sic erkôs:
dô Absalôn den lîp verlôs,
dô wære er gerne vür in tôt.
nûst künftec mir diu selbe nôt.
wirt Lôîs noch hiute entworht,
20 die râche ich vürhte und hân ervorht,
daz diu süeze Arabel
under sînem swerte erzabel.
vür wâr si enmugen mîn sterben
ninder ê gewerben.
25 tragent mir die getouften haz,
sô stêt iedoch den werden baz,
daz si ir prîs sus êren
und gein mir selben kêren,
swaz si mugen gehazzen,
30 und sich dar an niht lazzen.'
356   sus der getriuwe heiden saz
al klagende ûf sînem matraz.
îsernhosen und senftenier
brâhte im der künec Grôhier
5 von Nomadjentesîn.
die hosen gâben blanken schîn.
guote kolzen und hâberjôl
(Artûs bî dem Plimizôl
in sînem her niht bezzers vant)
10 brâhte im der künec Oukidant:
der was von Imanzîe.
der künec von Barberîe
brâhte im einen halsberc:
in Jazeranz daz selbe werc
15 worhte, derz wol kunde.
in Assigarzjunde
was ein tiure helm geworht:

den brâhte ein künec unervorht,
Samirant von Boitendroit.
20 den selben helm worhte Schoit,
des wîsen Trebuchetes sun.
von Hippopotitikûn
der künec brâhte im einen schilt.
ez hete einen armen man bevilt
25 solher dienære.
eine lanzen scharph, niht swære,
geworht in Siglimessâ
(ir snîde was ein grîfen klâ),
die brâhte der künec Bohedân
30 von Schipelpunte, ein werder man.

357 der künec von Marroch Akarîn
ein terkîs ûz einem rubîn
im brâhte und einen bogen starc.
ir deheines bringen er verbarc,
5 er legetez et gar an sînen lîp.
im sanden wênec dar diu wîp:
zimierde hete er sich bewegen,
des liez er junge ritter phlegen.
dô spien im umme sîne sporn
10 Klabûr, ein künec hôch geborn:
der was von Tîbaldes art.
    dô Terramêr gewâpent wart,
ûf stuont der werde rîche.
dô sprach der manlîche,
15 des küenen Kanabêus sun:
'wie sul wir ritterschaft getuon
vor der getouften sarken?
mîne poinder die starken
mugen niht ze vrumen voldrucken
20 noch hinder sich gerucken
den Rômære Lôîs.
die getouften hânt vür prîs,
daz der zouberære Jêsus
ir velt hât bestreut sus
25 mit manegem sarcsteine.
ir verh und ir gebeine

dar inne liget: si sint doch ganz.
der den dürnînen kranz
am kriuze ûf hete, den rûhen huot,
30 durch si alsolhiu wunder tuot.'
358 'al die mîn harnasch brâhten hie,'
sprach Terramêr, 'dise und die,
den ich wîtiu lant dar umme lihe
und ir houbeten drum krônen gihe,
5 die dienen hiute ir lêhen,
daz si die getouften vêhen.
ir ehte vüeret hie grôziu her:
iuwer volc hât ouch vil ze wer
swert, bogen, lanzen, hâschen.
10 zuo der gote karrâschen
rîtet bî mîner zeswen hant.
dâst Apolle und Tervigant,
Mahmete und Kâhûn.
der phlege mit iu Kanlîûn,
15 der künec von Lanzesardîn.
daz ist der eldeste sun mîn,
von mînem êrsten wîbe erborn.
ze den goten hân ich den erkorn
durch sîn ellen in mîn selbes schar:
20 ir und mîn er nimt wol war.
die niun künege rîten
ze mîner zeswen sîten.
sô rîte ze mîner lenken hant
in der schar der künec von Nûbîant
25 mit den vierzehen sünen sîn.
Purrel tuot hiute manheit schîn
und die stolzen Kordîne
und die punjûr Poitwîne
und Klîboris der starke,
30 der künec von Tananarke.
359 von Bêâterre rois Samirant,
von Nôrûn rois Oukidant,
die scharn sich winsterthalben mir
und der künec Krôhier
5 von Oupatrîe:

maneger slahte krie
sol man hœren in sînem her.
der künec Sâmûêl ze wer
sî bî mîner winstern hende
10 und der künec Môrende:
derst jenhalp Katus Erkules
mir verre komen, geloubet des,
dô ich mîne samenunge sprach.
über sehs jâr diu geschach:
15 swer mir in den zîten wolde komen,
der mohte si wol hân vernomen.
bî dem strîte der künec Fâbûr,
der hât manegen amazûr
über Fîsônen brâht.
20 ich hân ouch Haropîns gedâht,
des alten Tananarkois,
ze sînem sune dem kurtois,
Klîborise, den ich zôch.
ir neweder nie gevlôch:
25 swâ man poinders hurte vernam,
dâ was ir wilde wol sô zam,
daz si ir biten in dem schalle.
dise werden künege alle
suln schilteshalp zuo mir scharn,
30 mînen lîp und ir prîs bewarn.'

360   Terramêr der rîche sprach
zeinem künege, dem er jach,
daz er krône dâ von trüege,
daz er würfe und slüege
5 tûsent rottumbes hel.
Zernubilê von Amirafel
gebôt daz den sînen.
aht hundert pusînen
hiez blâsen rois Kalopeiz.
10 in sînem lande man noch weiz,
daz pusîne dâ wart erdâht:
ûz Tûsî die wâren brâht.
dô zôch man Brahâne dar.
unz ûf den huof daz ors vil gar

15 gewâpent was mit kovertiur:
ein phellel glestende als ein viur,
mit kost geworht in Suntîn,
der lac ûf der îserîn.
ûf saz der von Tenabrî.

20 im reit ze beiden sîten bî
manec unverzaget ritter guot:
etslîchem wîp gâben muot,
daz er sich nâch in sente.
merrinder man dô mente,

25 diu die karrâschen dâ zugen.
swen die gote dâ betrugen,
die drûfe wâren gemachet,
des geloube was verswachet.
nû lât Terramêren rîten:

30 hœrt, wie die êrsten strîten.

361 sîn helfe kumt in doch ze vruo.
nû hœrt, wer solhe tât dâ tuo,
daz man in drumme prîse.
ob michs diu âventiure wîse,

5 der sol ich nennen iu genuoc,
swer dâ sô hôhez herze truoc,
daz er sich prîse nâhte,
dô man diu mære brâhte
uns in toufbæriu lant.

10 wîp heten dar gesant
ze beider sît alsolhe wer,
dâ von daz kristenlîche her
und diu vluot der Sarrazîne
emphiengen hôhe pîne,

15 die sich sô vür genâmen.
dô der tôt sînen sâmen
under si gesæte,
daz man von ir tæte
mit êren nû gesprechen mac,

20 daz was in ein werder endes tac.
vil maneger kom zer tjoste vür:
man sach ouch manegen an der kür,
der ze muoten wider geworfen hât,

daz er erbeite puntestât,
25 daz der ganze poinder ûf in stach.
etslîcher sus sîn sper zebrach,
der den puneiz sô volracte,
daz er sich selben stacte
in die ritterschaft der heiden
30 sô daz swert in die scheiden.

VIII.

362　Diz kunden si ze beider sît.
　　sus samelierte sich der strît.
　　die tjostiure ûz vünf scharn
　　und der schêtîs kom gevarn
5　und der künec von Tandarnas
　　und swer dâ mit in beiden was,
　　an den künec von Falfundê.
　　Halzebiere was vor jâmer wê
　　um Pinels tôt von Ahsim.
10　des manlîch her reit dâ bî im
　　geflôret mit maneger koste:
　　der getouften tjoste
　　ûf gelt wart von in genomen.
　　mit Halzebier was zorse komen
15　der mêr, die tjoste ouch gerten,
　　die Gîburge werten
　　zÔransche deheiner strîte:
　　an des markîs künfte zîte
　　si dûhte, ir râche hête prîs.
20　der künec Noupatrîs
　　von Oraste Gentesîn
　　wart mit spern rœrîn
　　manlîche von in gerochen.
　　sô diu sper wâren zebrochen,
25　der trunzûn schilt noch harnasch meit:
　　des rôres scherphe beidiu sneit.
　　swer solhe tjoste wolde urborn,
　　der bedorfte wol der sporn
　　und daz ûz dem kalopeiz
30　von rabîne wære sîn puneiz.

363 des küneges her von Kânach
   man sô bî Halzebiere sach,
   ir strît tet den getouften wê.
   ir herre, der künec Galafrê,
  5 dem von Vîvîanzes hant
   sîn werlîch sterben wart erkant,
   hôhe vürsten, sîne man,
   die gedâhten nû dar an:
   ir râche gap dâ sterbens lôn.
  10 von Sêres rois Eskelabôn,
   dem ouch der junge Vîvîanz
   sîn leben nam ûf Alischanz,
   der wart mit maneger tjost geklaget
   und ouch mit swerten, sô man saget.
  15 die von Boktâne
   wol striten ûf dem plâne
   under Halzebieres vanen:
   si endorfte niemen râche manen
   um ir herren Talimônen:
  20 si enkunden niemens schônen.
   dô emphienc des schêtîses her
   von den gesten über mer
   grôzen kummer schiere:
   der sînen soldiere
  25 und der massenîe von Tandarnas
   wart vil gevellet ûf daz gras.
   Halzebier dâ selbe streit:
   swaz der getouften im gereit,
   die nâmen von sîner hende
  30 ûf den gotes solt ir ende.
364 nû kom rois Tîbalt von Kler
   mit wol geflôriertem her
  · und des sun von Todjerne.
   si kêrten, dâ der sterne
  5 schein ûz des marcgrâven vanen.
   Ehmereiz begunde manen
   künege unde vürsten gar,
   die dâ riten an sîner schar,
   daz si gedæhten an ir prîs,

10 si kêrten an den markîs.
   die stolzen Franzoise
vürriten die Arâboise,
die ze srîches vanen wâren geschart.
der starke junge Rennewart
15 ûf der heiden orsen sach
von phellen manec tiure dach.
Tîbalt und die sîne,
Ehmereizes Sarrazîne
vuorten an ir lîben,
20 des man danken sol den wîben.
bî Ehmereizes kursît
der heide glanz in smeien zît
mit touwe behenket
an prîse wære verkrenket:
25 sô klâr was er gemachet,
daz die bluomen wæren verswachet.
der phellel hiez pôfûz.
al sîniu eier hete ein strûz
dâ bî wol ûz gebrüetet,
30 wæren si anders wol behüetet.
365   Gîbôez der schahteliur von Kler
phlac svanen in Tîbaldes her.
dô der gehôrte und ersach,
wie man dâ sluoc unde stach,
5 in müete, daz sîns herren schar
niht streit vor den andern gar,
wande er wol strît getorste tuon.
Trohazzabê von Karkasûn
Ehmereizes vanen vuorte,
10 des herze nie geruorte
solh site, dâ von ein man verzaget:
der wart nie von im gesaget.
swelhes tages er keinen vîent sach,
bî vriunden hete er ungemach.
15   dô sich die vanen geneicten
und ze beider sît erzeicten
die helde dar unde,
wer getorste und kunde

lîp und êre aldâ gewern
20 und ûf sîn selbes verh gezern,
nû hœrt, waz Rennewart nû tuo.
wackerlîchen greif er zuo,
er sluoc beidiu orse und man,
wande er sich rehte niht versan,
25 gein wem erz solde wâgen:
dô sô tiure phellel lâgen
ûf der heiden râvîten,
er wânde, er solde strîten
mit den orsen als mit den liuten.
30 ich enmac niht wol bediuten,

366 wie dâ wart gevohten,
manec poinder gevlohten
hurteclîchen in ein ander.
daz werc von salamander,
5 ist iht wîzers danne der snê,
hete ich daz gehœret ê,
sô möhte ich wol gelîchen dar,
daz Tîbalt an im hête gar.
salamander was sîns schiltes dach,
10 swaz man an im ob dem îser sach,
kursît und kovertiure:
âne der wîbe stiure
was sîn wâpenkleit mit kost.
er was selbe ouch gein der tjost
15 vür komen ûf dem plâne.
der grâve von Schampâne,
der hôchgemuote Schampânois
kom gein dem milten Arâbois,
Gandalûz der vürste rîche.
20 mirst gesaget, ritterlîche
wart dâ diu tjost von in getân,
des si beide prîs müezen hân.
innen des streit Ehmereiz.
Tîbaldes grôzer puneiz
25 was niht volleclîchen komen her nâch,
die, den man rotte jach,
amazûre und eskelîre.

zwischen Wîzsant und Stîre
niht sô manec ritter wâpen treget,
30 sô Tîbalt hete ûf zorse erweget,
367   die von sîn eines ringe
riten ûf den gedinge,
daz Gîburc diu künegîn
dannoch ir vrouwe müeste sîn,
5 daz si phant dar um erwürben
oder bî ir herren erstürben.
    nâch phande durch âventiur
Gîbôez der schahteliur
mit dem vanen punierte:
10 manlîch er kundewierte,
die nâch Gîburge striten,
daz si mit hurte kômen geriten.
si wânden, daz rois Lôîs
dâ wære durch den markîs.
15 dâ wart unverdrozzen
durchriten und umslozzen
von Sarrazînen sîches schar.
sich samelierten dicke dar
aber die Franzoise wider
20 und valten manegen ritter nider.
    der herzoge Trohazzabê
was an die Franzoisære ê
mit Ehmereizes vanen komen.
dâ wart Ehmereiz genomen
25 in den zoum und dan geleitet ûz.
der tiure phellel pôfûz
gap gein der sunnen solhez brehen,
daz sküneges kummer muosten sehen
diu vluot der Sarrazîne:
30 doch beschutten in die sîne.
368   manec unverzaget kristen hant
dâ wurben um solhiu phant,
die Berhtram möhte machen quît:
dâ warp ouch Ehmereizes strît
5 nâch phande um die, diu in gebar.
dô kom Sînagûn mit schar,

der punjûr und der stanthart.
ouge noch ôre nie innen wart,
daz sîn herze ie emphienge wanc,
10 daz er gelernte den gedanc,
der sich dem prîse virret.
er was des unverirret,
sîn hant, sîn swert, sîn lanze
hete im die drî schanze
15 dicke ertopelt sêre
und anders manec êre.
ein schanze daz was miltekeit,
diu ander ellen, swâ er streit,
diu dritte manlîch güete.
20 sus stuont sîn gemüete.
    von im saget diu âventiure mir,
sîn ors hiez Passilivrier.
daz was snel und trachenvar,
als im mit viurs vanken gar
25 gefurrieret wæren sîniu mâl:
ez gienc mit sprungen sunder twâl
under im vor sîner schar.
swelh wîp in hête dar
mit ir werschaft gesendet,
30 ir bote was ungeschendet.
369   von Bailîe Sînagûn,
der künec getorste wol getuon,
daz scharpher strît ist noch benant:
dâ vür sîn manheit was bekant.
5 er kêrte ouch gein der herte,
dâ lîp und êre werte
und Gîburge minne
und des landes gewinne
der markîs, als er kunde,
10 und Arnalt von Gerunde:
die zwêne heten eine schar.
Sînagûn strebete allez dar,
dâ der sterne mit sînem glaste
sô rîlîchen vaste
15 ûz smarcgrâven vanen schein.

dâ vür habe daz iuwer dehein,
daz ez der sterne wære,
von dem man saget daz mære,
der die drî künege leite:
20 dirre sterne alhie bereite
vil tjost die Sarrazîne.
Sînagûn, der manege pîne
durch wîbe grüezen dolte,
ein tjost ze vorderst holte
25 ûf Passilivrier:
daz ors was sneller denne ein tier.
ein grâve ûz Arnaldes lant
(Gifleiz was der genant)
die tjost von dem künege nam,
30 als ez in beiden wol gezam.
370   dô Sînagûn kom mit scharn
gein dem markîse gevarn,
bî der zweier schar houbetman
wart sô mit ritterschaft getân,
5 des got sol danken und diu wîp.
manec hôchgemüetec lîp
und doch niht vor jâmer vrî,
die riten Sînagûne bî,
die rehten jâmers tage erkurn,
10 dô si herren und mâge verlurn.
daz selbe ouch dise klageten:
dâ von si bejageten
ze beider sît noch vlüste mêr
und aber niuwe herzesêr
15 von den, diez tuon getorsten.
man hôrte ûz manegen vorsten
den walt dâ sêre krachen.
die sper kunden machen,
die wæren nütze dâ gewesen:
20 si mugen aber sus vil baz genesen,
dâ si die schefte schiften drîn:
solden si in dem puneiz sîn,
ir würde minner von in geworht.
manec ritter unervorht

25 ûz sehs künege landen
   sich bewarten dâ vor schanden.
   Sînagûns geselleschaft
   von manegem vürsten hête kraft,
   der vlust an sînem herren kôs
30 und ouch sich selben nû verlôs.

371   dâ tet vil scharpher râche schîn
   daz her ûz Nârôklîn
   um ir herren rois Tampastê
   und daz her ûz Falturmîê,
5 daz Turpîûn brâhte dar,
   wol streit in Sînagûnes schar.
   wol râchen Fausabrên aldâ
   die vürsten ûz Alamansurâ,
   den Terramêres swestersun.
10 dâ getorste ein her wol râche tuon,
   des milten Turkandes
   und des süezen Arfiklandes:
   von Turkânîe wâren die.
   den sehsten künec ich nenne hie,
15 des her bî Sînagûne ouch reit
   und wol gein den getouften streit,
   von Ingulîe Poufameiz:
   von dem dise âventiure weiz,
   daz sîn jugent, die wîle er lebete,
20 ie nâch hôhem prîse strebete.
    die getouften muosten kummer doln
   und zweier slahte lôn erholn.
   die ir leben dannen brâhten,
   werdiu wîp in lônes gedâhten:
25 die aber dâ nâmen ir ende,
   die vuoren gein der hende,
   diu des soldes hât gewalt,
   der vür allen solt ist gezalt.
   diu selbe hant ein voget ist
30 und ein scherm vür des tiuvels list.

372   ich enmac niht wol benennen gar
   al den ruof der heiden sunderschar,
   waz si kreiierten,

sô si punierten.

5 Munschoie wart ouch dâ niht verdaget.
nû kômen manlîch und unverzaget
Gîburge bruoder alle zehen.
hôhe künege nâch grôzem lêhen
reit bî Terramêres kinden vil
10 und eskelîre an der vürsten zil
und emerâle ungezalt.
alrêst nû donert der walt
von lanzen krache und der sper.
dâ kom in kalopeize her
15 von den zehen künegen jungen
manec storje unbetwungen
von aller zageheite:
hôchmuot was ir geleite.
    Bernart von Brûbant,
20 der ie genendec was erkant,
und Buove von Komarzî,
die riten einem vanen bî.
Fâbors von Meckâ
kom vür durch tjostieren dâ:
25 Glôrjax, Malarz und Utreiz
kômen vor dem grôzen puneiz.
die geflôrierten künege viere,
iu enmöhte niemen schiere
ir zimierde benennen:
30 die muoste man tiure erkennen.
373   der starke grâve Landrîs
huop den vanen hôch durch sînen prîs.
der herzoge Bernart
mit grôzem poinder ungespart
5 kêrte gein den kinden:
er wolde gîsel vinden
vür sînen sun Berhtram.
die tjost von Fâbors er nam
unde greif in in den zoum.
10 daz ors truoc einen werden soum,
daz Bernart zôch an der hant:
in dûhte, er hete gæbez phant

vür sîne mâge und vür den sun.
waz mugen die Sarrazîne nû tuon,
15 si beschütten Fâbôrsen?
allez sîn geflôrsen
ûf helme und ûf kursîte
wart von des poinders strîte
mit swerten gar zehouwen,
20 er kouftez oderz gæben vrouwen.
   hurtâ, wie die getouften
borcten und verkouften
manegen wehsel âne tumbrel.
etslîches wâge was sô snel,
25 daz si in sancte nider unz in den tôt.
ze beider sît si dolten nôt,
Sarrazîne und die kristen.
dâ enkunden niht gevristen
des werden Buoven hende
30 der heiden hôch gebende.

374   diu kint sint dâ bestanden
von den, die ûz banden
gerne lôsten Kibelîn,
Berhtramen und Gaudîn
5 mit andern ir mâgen,
die dâ gevangen lâgen.
daz wart versuochet sêre.
nû sult ir Terramêre
danken, daz er ê beriet
10 sîniu kint mit wer, die niemen schiet
von in mit den swerten.
die selben ouch dâ gerten
râche um daz in was getân.
Arofel der Persân
15 was in ûf Alischanz erslagen:
die sîne begunden in dâ klagen
mit den ecken und mit dem dône.
ir krîe Samargône
in manegem poinder wart geschrît:
20 Arofels wart in dem strît
von den sînen manlîch gedâht,

der si selbe dicke hête brâht
an die vinde werdeclîche.
ûz Arofels rîche
25 vil vürsten dâ mit kreften sint:
sîn selbes darpten doch diu kint,
wande er ir ander vater was.
weder starp noch genas
getriuwer künec nie dehein,
30 den tages lieht ie überschein.

375 dâ wart manec helm versniten
von den, die manlîche striten
bî Terramêres kinden.
solh suochen unde vinden
5 was dâ ze beider sît genuoc:
ein poinder stach, der ander sluoc.
turkopel wurden ouch des enein,
von in wart manec slehter zein
durch den schuz unz an den phîl gezogen:
10 dâ begunden snatern die bogen
sô die storche in dem neste.
dô der strît scharph und veste
was ûf dem plâne,
Poidjus von Grifâne
15 dâ kom mit hers vlüete.
die getouften got behüete!
der ouch künec dâ ze Vrîende was,
Tasmê, Trîande und Kaukasas
dienden sîner hende gar.
20 sus kom mit krefteclîcher schar
der Terramêres tohtersun.
sînen vanen vuorte Tedalûn,
der burcgrâve von Tasmê.
über den walt Lignâlôê
25 der selbe ouch vorstmeister was:
er hete den slac an Kaukasas,
den zehenden an maneger wilden habe.
swaz dâ goldes wart gezerret abe
von der grîfen vüezen,
30 daz kunde im armuot büezen.

376   dâ wart von Poidjuses schar
daz velt wol überliuhtet gar
von manegem phellel tiure:
von sunnen noch ûz viure
5 dorfte grœzer blic niht gên.
man mohte an sînem her verstên,
daz er dâ heime rîcheit phlac
und in grôz koste ringe wac,
Poidjus. der selbe truoc
10 an sînem lîbe des genuoc,
daz ich der kost niht tar gesagen:
sus kan mîn armuot verzagen.
ob ers geruochet, ein rîcher munt
solde iu diz mære machen kunt,
15 wie sunder was gezieret,
mit kost al überwieret
daz dach ob sînem harnasch.
ander kost dâ bî verlasch.
von den vüezen unz anz houbet,
20 niemen mirz geloubet,
waz er hete an sînem lîbe.
ob im von guotem wîbe
solh zimierde wart gesant,
ob daz gediende niht sîn hant,
25 hete er ir minne künde,
dâ mite erwarp er sünde,
tet er durch si niht solhe tât,
die man noch vür hôhez ellen hât.
Poidjus der künec unervorht,
30 sîn helm mit listen was geworht
377   ûz dem steine antraxe.
grôz koste ringe wacse,
sîn volc hôchmüetec unde gogel.
nû seht, ob vünde ein antvogel
5 ze trinken in dem Bodemsê,
trünke er in gar, daz tæte im wê.
sus prüeve ich Poidjuses her,
daz dar kom überz vünfte mer:
solden si alle ir rîcheit

10 hân geleget an ir wâpenkleit,
sô möhten diu ors si niht getragen.
von Vrîende hœre ich sagen,
swaz man in dem lande
der wazzer bekande,
15 die dâ vliezent von Kaukasas,
ieslîchez gefurrieret was
mit edeln steinen maneger slaht:
etslîcher tagete bî der naht
mit sînem liehte, daz er gap.
20 maneger rîcheit urhap
hete der künec von Grifâne:
guldîne muntâne
im dienden. stüende sô mîn muot,
ich möhte einen loubînen huot
25 wol erwerben in dem Spehteshart,
sô der meie wære rehte bewart
mit touwe und mit süezem lufte:
wer jæhe mir des ze gufte?
iht mêr daz Poidjusen wac,
30 swenne er grôzer koste phlac.

378   ob sich der walt nû swende
von den von Vrîende,
von tjost ûf dem plâne,
und von den von Grifâne,
5 des hât ir rîcheit êre.
in truoc wol vor die lêre
grôz her, daz zuo zin was geschart,
vor aller zageheit bewart.
die Gîburge zÔransche vride
10 gâben, die ruorten hie diu lide:
si dûhte, ir strît hête prîs
nû gein der kunft des markîs.
daz was Tesereizes her.
der ie gein schanden was ze wer
15 und dem diu minne nam den lîp,
noch solden gerne guotiu wîp
mit triuwen âne wenken
sîner werdekeit gedenken,

sît daz sîn herze nie verdrôz,
20 sîn dienest wære gein in sô grôz,
daz vor andern sînen genôzen
was gezilt und gestôzen
sîn hôher prîs sô verre vür:
bî sîner zît an lobes kür
25 man jach dem stolzen Latriseten,
daz er gewünne nie geweten,
der im sô geziehen möhte,
daz gein sînem prîse iht töhte.
er verlôs ouch wîbe hulde
30 nie mit valschlîcher schulde.
379   durch rîcheit und ouch durch ruom
ûz manegem wîten herzentuom
und ouch von maneger marke
Poidjus der starke
5 manegen vürsten vuorte,
der her die hende ruorte,
dô si kômen in den strît.
des in nû widerwehsel gît
Bertram und Gîbert:
10 die sint noch strîtes ungewert.
hurtâ, waz in nû strîtes kumt!
wie ze beider sît dâ wart gevrumt
trunzûne sprîzen in den luft!
durch wîbe lôn oder sus durch guft
15 daz tâten tjostiure.
weder vert noch hiure,
wil ich der wârheite jehen,
sô enhân ich ninder gesehen
sô manegen gezimierten man,
20 sô guote ritterschaft getân.
war um solde ich des verzagen?
ich getarz als wol gesagen,
sô si den strît getorsten tuon.
der goldes rîche Tedalûn,
25 von Lignâlôê der vôrehtier,
vuorte ezidemôn daz tier,
des Feirefîz ze wâpen phlac:

in Poidjus vanen daz lac,
mit grôzer koste dar gesniten.
30 der vane mit hurte kom geriten
380 in des küenen Tedalûnes hant.
der warp nâch Gîburge umme phant,
diu sînes herren muome was.
ze beider sît wart ûf daz gras
5 manec ritter dâ gevellet.
die schar hânt sich gesellet
mit hazze zein ander.
swer daz suochte, daz vander,
ein puneiz slac, der ander stich.
10 nâch Vîvîanze wart gerich
von dem kristen her erzeiget,
der nimmer sô geveiget,
daz sîn lop müge ersterben.
swer sælde welle erwerben,
15 der sol dich êren, Vîvîanz.
vor gote dû bist lieht und glanz.
wie mich dîn tôt erbarmet,
swie doch niemêr erwarmet
dîn sêle in helleviure!
20 solh kummer ist dir tiure,
dû sun sîner swester,
Berhtrams vòn Berbester,
und des manlîchen Gîbert.
des wart erklenget manec swert
25 von ir zweier massenîe.
herre und âmîe
solhes strîtes solden lônen,
ob si triuwe kunden schônen,
der dâ ze beider sît geschach.
30 als uns diz mære wider jach,
381 dâ lac vil sper zebrochen.
dâ wart ouch wol gerochen
an der selben wîle
der klâre süeze Mîle
5 al nâch der heiden herzesêr,
den der hôhe rîche Terramêr

mit der tjoste sluoc ûf Alischanz:
der was muomensun Vîvîanz.
si begiengen an den liuten,
10 ob si stöcke solden riuten,
si endorften harter houwen niht.
den getouften henden man des giht,
von Vrîende ab den gesten
ir tiuren phellel glesten
15 manec swertes ecke aldâ begôz,
daz daz bluot über die blicke vlôz:
si wurden almeistec rôt gevar.
· der getouften schûr nû kom mit schar,
von Gamfassâsche Aropatîn.
20 swaz junge und alde dâ mohten sîn
durch got und durch der wîbe lôn
und durch des sun von Narbôn,
wol hete Aropatîn gestriten
(mit solher kraft er kom geriten)
25 al smarcgrâven helfe.
nû müeze in als Welfe,
dô der ze Tüwingen vaht,
gelingen aller sîner maht:
sô scheidet er dannen âne sige.
30 alsus ich sîn mit wunsche phlige:
382 ich wæne, alsus ergêt ez doch.
in sînem vanen stuont ein roch:
daz bedûte sînen wîten grif,
daz im diu erde und diu schif
5 volleclîche gâben rîchen zins.
zwischen Gêôn und Poinzaklins
diu lant wâren dem jungen
dienstlîch gar betwungen.
dar zuo sîn houbet krône
10 vor manegem vürsten schône
von arte in Gamfassâsche truoc:
des hete er ritter dâ genuoc.
waz pusîne vor im erklanc!
wie man vor im mit künste ûf swanc
15 manec rotumbes mit zunel!

dâ wâren ouch floitierre hel.
sîn schar, des künec Aropatîn,
mit koste geflôret muoste sîn
mit maneger sunderzierde.
20 in selben kondewierde
sîn manlîch herze und des gedanc,
daz er nâch wîbe gruoze ranc:
er vuor ir lône ouch wol gelîch.
    nû was der alde Heimrîch
25 mit sîner krefteclîchen schar
strîtes dannoch erlâzen gar.
mit Aropatîne was aldâ
der künec von Skandinâvîâ
und der künec von Askalôn.
30 die kômen an den von Narbôn,

383
    des küenen marcgrâven vater.
die sîne gein dem strîte bater,
als er si ê dicke hete ermant.
dâ von wart harnasch zetrant
5 mit tjost von maneger lanzen:
vil schilte der ganzen
wurden dâ zevüeret,
manec helm alsô gerüeret,
daz diu swert dâ durch erklungen.
10 Aropatîn den jungen
sus emphiengen die von Narbôn
und den stolzen künec Glôrîôn
und den stæten Matribleiz
mit manegem starken puneiz.
15 den von Gamfassâsche
Mahmeten karrâsche
mac lîhte sîn ze verre:
seht, ob in daz iht werre.
    dâ streich der alde Heimrîch
20 mit swerten den wiserîch,
der im dicke was gewerbet.
der alde hete gerbet
sîne süne mit solhen urborn:
sît er ze sune hete erkorn
25 einen andern denne die sîne,

des gâben und nâmen pîne
in manegen landen sîniu kint.
die von Gamfassâsche sint
in kummer mit der merren kraft
30 von Heimrîches geselleschaft.

384   seht, ob der rîche Aropatîn
dâ strîtes gewert müge sîn.
er hete ouch dâ besunder
mit der zal der storje ein wunder.
5 sîn hôhez herze in lêrte,
daz er selbe kêrte
immer, swâ diu herte was.
blanke bluomen und daz grüene gras
wurden rôt von sîner slâ.
10 daz her ûz Skandinâvîâ
wol streit und daz von Askalôn.
man hôrte dâ manegen kraches dôn,
swâ der grôze puneiz ergienc.
swem dâ schilt ze halse hienc,
15 der in ze rehte vuorte
durch den stoup unz in die hurte,
schiltes ammet er tet sîn reht.
ûf Alischanz dem velde sleht
solh strît mit swerten dâ geschach,
20 swaz man von Etzeln ie gesprach
und ouch von Ermenrîche,
ir strît wac ungelîche.
ich hœre von Witegen dicke sagen,
daz er eins tages habe durchslagen
25 ahtzehen tûsent als einen swamp,
helme. der alsô manec lamp
gebunden vür in trüege,
ob er si eins tages erslüege,
sô wære sîn strît harte snel,
30 ob halt beschorn wæren ir vel.

385   man sol dem strîte tuon sîn reht:
dâ von diu mære werdent sleht.
urliuge und minne
bedurfen beidiu sinne.

5 einz hât senfte unde leit,
daz ander gar unsenftekeit.
swer wîbe lôn ze rehte erholt,
etswenne er grôzen kummer dolt:
ob denne der minne süeze
10 solhen kummer büeze,
swâ der site wirt begangen,
dâst der minne solt emphangen.
　　Heimrîch der alde vürste
was wol in der getürste,
15 daz er den jungen minne riet.
mit sînem râte nie geschiet
von wîbe gruoze werder man.
von den sînen wart ez sô getân,
soldez ein keiser gelten,
20 solhe soldier vünde er selten,
die sich gæben in sô starke nôt
werlîche âne der wîbe gebot.
dâ was gemezzen niht der vride.
die sîne erswungen wol diu lide
25 gein maneger krîe, die man dâ schrei.
von Kitzingen ein turnei
hete unhôhe aldâ gewegen:
man muostes dort anders phlegen
mit den ecken bluotvar.
30 ze beider sît die helde gar
386　âne gevaterschaft dâ sint.
　　nû was Matûsaleses kint,
der minne gernde Josweiz,
zorse komen. des puneiz
5 was von maneger storje starc.
beidiu heide unde sarc
wart getretet al gelîche.
Matûsales der rîche
mit kraft ûz sande sînen sun
10 von Hippopotitikûn.
ein vürste vuorte sînen vanen:
dar inne sach man einen swanen,
gesniten mit kosteclîchem vlîz.

der swane was anderswâ al wîz,
15 wan snabel und vüeze rabenvar,
durch daz, Matûsales was gar
an velle und an hâre blanc:
ein mœrinne ûz Jetakranc
Josweizen bî im gebar.
20 der swane ist zweier slahte gevar:
alsô was ouch Josweizes art.
durch daz die selben hervart
Josweiz den swanen truoc
und landes herren mit im genuoc
25 mit dem wâpen was bevangen.
ze halse gehangen
zwelf vürsten sîne schilte
truogen durch sîn milte,
durch rîchtuom und durch edelkeit.
30 selbe vünfte künege er dâ zuo reit.
387   Josweiz von Amatiste,
mit kostlîchem liste
was sîn schilt, sîn helm, sîn kursît.
diz mære giht, daz gein dem strît
5 in twünge hôhiu minne.
hete ich nû die sinne,
daz ich sîner klârheit, sîner jugent,
sîner milte und ander sîner tugent
gespræche ir reht, sit âne vâr
10 sô stuonden sîner zîte jâr,
daz sîn herze was genendec!
sîne schar ouch wâren unbendec:
ez wart sô sêre von in gestrebet.
ir deheiner doch bî mir nû lebet,
15 dem ichz ze liebe kôse.
der künec von Valpinôse
mit den sînen ûz der schar dâ brach.
nâch dem künege man dô varn sach
von Jamfûse Korsant.
20 nâch dem künec vuor al zehant
von Nourîente Rûbûâl.
nâch dem künege vuor dô sunder twâl

der stolze künec Pohereiz
mit krefteclîchem puneiz:
25 der was von Etnîse
und warp dâ wol nâch prîse.
dar nâch vuor Josweizes schar,
al die sîne mit swerten bar:
sît die tjoste wâren von in verlegen,
30 der sper wolde ir deheiner phlegen.
388   Josweizen müete sêre,
daz er Terramêre
gevolget hete, daz sehs schar
vor im gestriten hêten gar.
5 mit zorne er vuor bî sînem vanen:
ob im man sach den tiuren swanen
blicken wîz sô den snê.
er kêrte, dâ Trohazzabê
ob Ehmereize was verladen.
10 dâ heten ungevüegen schaden
die stolzen Franzoise
gein Tîbalde dem Arâboise
und gein Ehmereize begangen.
Rennewart mit sîner stangen
15 sich selben hete ergetzet,
daz er dicke was geletzet
maneger wirde in Francrîche.
er tet wol dem gelîche,
daz er der heiden hête haz.
20 swer im dâ zorse vor gesaz,
zeinem hûfen er den sluoc.
dâ beleip der heidenschaft genuoc
tôt von Rennewartes hant.
er warp niht anders umme phant:
25 Berhtram was im sippe niht.
Rennewarten man dâ siht
vor sinen schargenôzen.
mit starken slegen grôzen
Franzoisære wurden ouch niht gespart.
30 si begunden schrîen Rennewart,
389   si wolden vristen gerne ir leben.

daz herzeichen was in gegeben,
dô si der markîs scharte
und srîches vanen bewarte.
5   Franzoisen wart dâ kummer kunt.
wæren si über Pitît Punt
mit gemache heim gevarn,
sô enwæren si mit sô manegen scharn
sô ungevuoge niht getret.
10 dâ wart Ehmereiz erret
und rois Tîbalt von Kler
von des stolzen Josweizes her.
der soldez ouch billîche tuon:
Josweizes basen tohtersun
15 was der künec Ehmereiz.
sîns rîchen mâges puneiz
was im dâ ze staten komen.
dâ wart gegeben und genomen
doners hurte als diu wolkenrîz.
20   nû kom von Rabes Poidwîz,
der manlîch und der hôchgemuot:
der vuorte manegen ritter guot.
wir hœren von sînem ellen jehen,
er wart bî vînden nie gesehen,
25 er enschiede ouch dan geprîset.
manec tjost hete in gewîset,
dâ sîn volliu hant wart lære.
zeinem vorstære
kür ich ungerne sîne hant,
30 sît der walt sô vor im verswant.
390   man tuot von sînen tjosten kunt,
der Swarzwalt und der Virgunt
müesten dâ von œde ligen.
daz liegen solde ich hân verswigen,
5 beginnet etslîcher sprechen:
wan lât der selbe brechen
den walt einen andern man?
und habe er verre dort hin dan.
der künec Poidwîz von Rabes,
10 weder staphes noch drabes

kom er gevarn in den strît:
er vuor rehte, als man dâ gît
den orsen wunden mit den sporn.
im was ûf Terramêren zorn,
15 daz er in nâch siben scharn
alrêst nâch ritterschaft hiez varn.
er sprach: 'hete ich nie strît getân,
ich vüere sô manegen werden man
ûz ander künege rîchen,
20 daz ich billîchen
den buhurt solde hân erhaben.
man darf mich harte wênec laben
nâch maneger quaschiure,
die ich durch âventiure
25 in dem puneiz solde hân genomen.
ich bin ze disem strîte komen
sô der schûr an die halme.'
von pusînen galme
was vor im grôz gesnarren.
30 dâ enkunde niht geharren

391   sîn vane mit grôzem kundewiers
kom gevarn ze triviers
mit ungevüeger hers kraft
beneben an die ritterschaft,
5 dâ mit strîte ê sêre was gekriect
und noch enwederthalp gesict.
dâ was versperret niht diu biunt:
dâ wart der vîent und der vriunt
mit volleclîcher hurte,
10 dâ Poidwîz in ruorte,
vaste ûf ein ander geschoben
und manec puneiz enzwei gekloben.
    dâ nam von Poidwîzes druc
al daz her sô grôzen ruc,
15 daz die kristen und die heiden gar
gedigen alle zeiner schar,
swaz ir dâ was ze beider sît,
die wâpen truogen in dem strît,
swaz man der dâ wesse,

20 als ob si in einer presse
   zesamene wæren getwungen,
   die alden mit den jungen,
   rîche und arme über al.
   daz was ein wîter nôtstal,
25 mit swerten verrigelet.
   manec leben wart dâ versigelet
   mit stôdes hantveste.
   von strîtes überleste
   dâ mohte maneger sprechen.
   30 dâ was slahen und stechen
392   und hurteclîchez dringen.
   si kunden sich baz bringen
   zein ander, denne ichz künne sagen:
   deheinen haz wil ich dem tragen,
 5 swerz iu baz nû künde.
   seht, wie des mers ünde
   walgen ûf und ze tal:
   sus vuor der strît über al,
   hie ûf slihte, dort ûf lê.
10 si dolten ach unde wê.
      mit Poidwîz kômen in den strît
   driu her, den man vil prîses gît:
   einez der künec Tenabruns
   brâhte ûz Liwes Nûgruns,
15 des küneges her von Rankulat
   mit swerten hie dâ manegen phat
   und diu ritterschaft von Azagouc,
   daz dritte her niht râche louc
   um ir herren, den künec Rûbîûn.
20 waz mugen die kristen liute tuon,
   si enwern sich, al die wîle si leben?
   got selbe mac in trôst wol geben.
   Poidwîz kom in alze vruo:
   ir her nam abe und ninder zuo.
25 diu kristenheit sich rêrte,
   diu heidenschaft sich mêrte
   ûf Alischanz dem anger.
   ob ie her wart swanger,

des möhte man jehen der heiden schar:
30 ob einiu die andern niht gebar,
393   sôst wunder, wannen in kœme diu vluot,
diu sô grôze ritterschaft dâ tuot.
　　der strît begunde vellen
etslîchem sînen gesellen,
5 disem den herren, dem den mâc.
waz hers ze beider sît dâ lac,
die von dem strîte teuten!
wie si den orsen streuten
mit manegem gezimierten man!
10 diu wærens dâ heime wol erlân:
dâ sint diu müeden ors vil vrô,
der wirfet under si ein trucken strô.
waz wunder ors dâ nider sigen!
etslîchez wolde ûf vürsten ligen,
15 etslîchez ûf dem amazûr.
Poidwîz was nâchgebûr
dâ worden der kristenheit:
mit dem man ê doch vaste streit,
sîn strît si dorfte lützel müen.
20 　　nû alrêst sach manz velt erblüen
mit ritterschaft der werden,
als ob gâhes ûz der erden
wüehse ein krefteclîcher walt,
dar ûf touwec manecvalt
25 sunder klâre blicke.
breit, lanc und dicke
kom diu schar des künec Marlanz
von Jerikop mit zierde glanz
und mit maneger sunderrotte.
30 dô der keiser Otte
394   ze Rôme truoc die krône,
kom der alsô schône
gevarn nâch sîner wîhe,
mîne volge ich dar zuo lîhe,
5 daz ich im gihe, des wære genuoc.
âvoi, wie manegen ritter kluoc
der künec Marlanz brâhte!

niht ze sêre er gâhte.
in dûhte, er hete wol erbiten
10 der, die vaste vor im striten:
wie siz heten überhouwen,
daz wolde er gerne schouwen.
der zimmerman muoz warten,
wie er mit der barten
15 nâch der ackes müeze snîden:
daz wolde ouch er niht vermîden.
    Poidwîz al anders vuor:
er kunde wênec nâch der snuor
houwen nâch ir marke.
20 ob der getouften sarke
nû mit starken huofslegen
iht wol getretet werden megen?
jâ vür wâr, ê daz diu schar
mit ir poinder voldrucke gar,
25 des künec Marlanz von Jerikop.
sîn manheit dâ gediente lop.
unsanfte ich mac der sunnen
sô liehtes blickes gunnen,
alsô dâ heten die sîne
30 von ir zimierde schîne
395   abe ir tiuren phellelmâlen.
    niht langer wolde twâlen
der künec von Orkeise:
der bezzerte die reise.
5 daz was Margot von Pozzidant,
den man gezimieret vant
ein jumenten rîten,
dar ûf er wolde striten,
mit îserkovertiur verdact.
10 ûf daz îsern was gestract
ein phellel, des ir was ze vil.
der orse muoter man niht wil
sô hie ze lande zieren:
wir kunnen diu ors punieren.
15   Margot einen künec dar brâhte,
dem daz niht versmâhte,

al des her âne ors dâ was:
der hiez Gorhant von Ganjas.
si wâren aber sneller sus ze vuoz.
20 die tâten in dem strîte buoz
des lebens manegen kristen man.
niht ander wâpen si mohten hân:
ir vel was horn in grüenem schîn,
die truogen kolben stehelîn.
25 bî dem künege Margotte
vuor diu hürnîn grôziu rotte:
der was geschart ze Marlanz.
diu schar beleip niht langer ganz.
Margot der verre komende dar,
30 er und die sîne punierten gar,
ê si den puneiz vollentriben,
dâ von daz velt begunde erbiben.
    nû kumt dem zwickel hie sîn schop,
dâ der künec Marlanz von Jerikop
5 mit hurteclîches poinders kraft
sich stacte in die ritterschaft,
dâ von diu swert erklungen.
was ê dâ vil gedrungen,
doch niuwes gedranges phlâgen sie,
10 beide dise unde die.
    bî rois Margot von Pozzidant
streit daz her des künec Gorhant
mit den stehelînen kolben.
die virste und die wolben
15 begunden si ûf die helme legen
mit starken ungevüegen slegen.
ich hete ungerne hiute
solhe zimmerliute:
ich enmöhte in niht gelônen.
20 vil krîe ûz manegen dônen
si schrîten ûz maneger sprâche.
nû mac die vart hin zÂche
mit êren mîden Terramêr.
almeist die rœmeschen vürsten hêr
25 sint gein im komen ûf Alischanz.

396

si wolden im künden, Vívîanz
und der edel Mîle wæren erslagen:
wolde er ze Rôme krône tragen,
sô solde er in daz rihten,
30 wolde er zir dienste phlihten.

397   von den hürnînen schalken
wart mit kolben dâ gewalken
vil manec werlîch ritter guot.
wie möhte ein Bernhartshûser huot
5 harter ûf ein ander komen?
des twanc si nôt: nû wart vernomen
von den kristen liuten über al
sehs herzeichen lût erschal.
ein ir ruof was Narbôn:
10 sus hal dâ der ander dôn
durch koverunge, Brûbant:
der dritte ruof was benant
den Franzoisen, Rennewart
(harte kleine was der zart,
15 der gein in dâ begangen was):
der vierde ruof was Tandarnas:
Berbester was der vünfte
gein Marlanzes künfte:
dô enmohte diu schar des markîs
20 vermîden niht deheinen wîs,
si enschrîten Munschoie,
in gedrange als ein boie
von îser wære um si gesmit.
dâ wart mit swerten wol gewit.
25 die getouften kômen kûme
mit den ecken sô ze rûme,
daz si sich samelierten:
die wol gezimierten
ir brücke wâren über bluotes vurt,
30 etslîcher ûz Terramêres geburt.

398   die kristen sint zein ander komen.
waz denne, hânt si schaden genomen?
si suln ouch schaden erzeigen nuo.
dâ greif mit sîner stangen zuo

5　mit grôzen slegen Rennewart.
　die ê sunder wâren geschart,
　nû bî ein ander vâhten:
　die krîe zesamene si brâhten
　und der druc, den brâhte Poidwîz.
10　maneger slahte sunderglîz
　die kristen müete dicke:
　der heiden phellel blicke
　gein sunnen kunde vlockezen.
　der strît begunde tockezen,
15　als ûf dem wâge tuot diu gans.
　dâ muoste daz velt Alischans
　mit bluote betouwen.
　den herren und den vrouwen
　wart dâ wol gedienet beiden.
20　　der houbetman al der heiden
　nû saz ûf Brahâne.
　gein der funtâne,
　dâ bî Vîvîanz lac tôt,
　des endes sich der strît erbôt.
25　nû was diu schar ûz manegem lant
　über daz wazzer Larkant
　und die karrâschen mit den goten.
　nû hete bî der wide geboten
　des küenen Kanabêus barn,
30　si solden bî den goten varn,
399　　die dar zuo wâren geschaffet.
　si wurden des dâ gaffet:
　Mahmete und Kâhûn
　in mohten kranke helfe tuon
5　oder swaz man ander gote dâ vant,
　ez wære Apolle oder Tervigant.
　　ouwê, daz er nû komen sol,
　durch den diu sorclîchiu dol
　und daz angestlîche lîden
10　die getouften niht wil mîden!
　nû meine ich Terramêren,
　der wol nâch herzesêren
　den getouften kunde werben.

    lât sîn: ê daz si ersterben,
15 er beginnet ouch schaden von in nemen,
    des jâmert und dar zuo muoz schemen
    sîn herze und des gemüete.
    von sîner zehenden schar vlüete
    möhte ich prüevens wol gedagen.
20 doch müeste er manegen zaphen tragen,
    der des regens zaher besunder
    verschübe: daz wære ein wunder.
    sus ahte ich den von Suntîn.
    man mohte ietwederhalben sîn,
25 dar zuo vor im und hinden
    vil grôzer storje vinden,
    mit der sprâche ein ander gar unkunt.
    dâ vuor manec sundermunt,
    der niht wesse, waz der ander sprach,
30 ob er erge oder güete jach.
400   ouwê kristen liute,
    guoter wîbe getriute
    und ir gruoz und ir minne
    und die hœhern gewinne
5 (ich meine die ruowe âne ende),
    wirt nû von maneger hende
    ûf iuch gestochen und geslagen!
    swer triuwe hât, der solde iuch klagen:
    ir sît durch triuwe in dirre nôt.
10 sît man von êrste iu strîten bôt,
    daz was gar um sus gestriten:
    ir habet nû rehtes strîtes erbiten.
    hie kumt der von Tenabrî.
    sînen goten nâhen bî
15 dâ wart geworfen und geslagen,
    als ir mich ê hôrtet sagen,
    tûsent rottummes
    sleht, ir keiniu krummes,
    und aht hundert pusînen snar
20 man hôrte dâ mit krache gar.
    von dem biben und von dem schallen
    möhte daz tiefe mer erwallen.

ich mac wol sprechen, swenne ich wil,
von grôzer kost zimierde vil
25 dâ vuor in Terramêres schar:
sô unde sus gevar
maneger slahte kunder
nâch al dem merwunder
heten si ûf gemachet,
30 an koste niht verswachet,
401   nâch vogelen und nâch tieren.
maneger slahte kreiieren
si brâhten mit in in den sturm.
der truoc den visch, der den wurm,
5 ûf ir wâpenkleit gesniten.
diu schar mit kreften kom geriten
ûf Alischanz dem plâne.
al die steine gâmâne
sint niht sô manegen wîs gesehen,
10 sô man zimierde muoste jehen,
die die minne gernden truogen.
die getouften si vil durchsluogen,
swâ nâch ez gemachet was.
nû endorfte der künec von Tandarnas
15 und der pôver schêtîs
niht vür gâhen durch ir prîs:
swen ie sîn herze in strît getruoc,
der vünde dâ strîtes noch genuoc.
    von Salenîe Ektor
20 vuorte den vanen hôhe enbor,
obs die getouften gerten,
daz si in doch mit den swerten
mohten niht erlangen.
mit stehelînen spangen
25 was der schaft vaste ummeworht.
Ektor was unervorht,
der künec von Salenîe.
Terramêres krîe
begunden rüefen Kordes.
30 ouwê nû des mordes,
402   der dâ geschach ze beider sît:

dô der vane kom in den strît,
der brâhte den grôzen swertes klanc.
dâ was von storjen manec gedranc
5 gein dem strît durch vür komen,
die doch heten wol vernomen,
swer die schar dâ bræche,
mit der wide daz ræche
Terramêres gerihte.
10 dâ wart des tôdes phlihte
in dem strîte wol bekant.
ze beider sît si sazten phant,
diu nimmer mugen werden quît
vor der urteillîchen zît,
15 dâ al der werlde wirt ir leben
wider anderstunt gegeben.
dâ was manec sundergrâzen.
     swer si kan ane gelâzen,
als ez der ritterschefte gezeme,
20 mit mînem urloube er neme
diz mære an sich mit worten.
im gedrenge und an den orten
oder swâ die muotes rîchen riten,
wie würde aldâ von den gestriten
25 nâch wîbe lôn und um ir gruoz,
wie ein puneiz den andern muoz
nâch koverunge werben,
swer nû lieze niht verderben
dirre âventiure mære,
30 deste holder ich dem wære.

IX.

Ei Gîburc, heilec vrouwe,
dîn sælde mir die schouwe
noch vüege, daz ich dich gesehe,
aldâ mîn sêle ruowe jehe.
5 durch dînen prîs den süezen
wil ich noch vürbaz grüezen
dich selben und die dich werten,
sô daz si wol ernerten
ir sêle vor stiuvels banden
10 mit ellenthaften handen.
   waz half nû Heimrîches kint,
daz die sibene und ir vater sint
bî ein ander und diu kristen diet?
der grôze puneiz si dô schiet
15 und der starke krach der pusîn:
und daz der tûsent muosten sîn,
rottumbes, die man dâ sluoc,
dâ von erwagete genuoc
Larkant daz wazzer und der plân,
20 als dâ der werde Gâwân
an Lît Marveile lac:
solhes bibens Alischanz nû phlac.
   man sach dâ wunder gogelen
von tieren und von vogelen
25 ûf manegem helme veste,
boume, zwîge und ir este
mit koste geflôrieret.
dâ kom gezimieret
manec Sarrazîn durch wîbe lôn
30 gein des sune von Narbôn.

404   diu was sneller, diu was lazzer,
über Larkant daz wazzer
hurtâ hurtâ hurte,
wie dâ ûz manegem vurte
5 manec sunderstorje strebete,
diu niht volleclîchen lebete,
unz ir der tac bræhte die naht!
dâ kom diu ellenthaftiu maht.
dô kêrte diu schar grôze
10 gein manegem anebôze,
den der touf hete überdecket.
der puneiz wart volrecket,
von rabîne mit den sporn getriben,
daz die karrâschen eine beliben
15 und dar ûf die gote hêre.
dâ vuor mit Terramêre
der künec von Lanzesardîn:
der liez die gote ouch eine sîn.
daz was der werde Kanlîûn:
20 dem vater volcte dâ der sun
michel gerner danne den goten.
der den Rîn und den Roten
vierzehen naht verswalte
und den tam dar von schalte,
25 die engæben sô grôzer güsse niht,
alsô man Terramêre giht:
er ummevluote ot al daz her.
noch was diu kristenheit ze wer,
sô daz man von ir tât
30 den endes tac ze sprechen hât
405   und dâ zwischen al der jâre zal:
sô grôz wart dâ der heiden val.
doch von ir überlaste
wart der puneiz sô vaste
5 ûf manegem schœnen kastelân
alsô hurteclîch getân,
daz die sehs vanen der kristenheit
ieslîcher dâ besunder reit:
etslîcher kleine gezoc behielt.

10 harte ungelîche man si spielt
   von ein ander mit gedrange.
   sus si vuoren lange,
   daz dâ manec getoufter man
   ander warte muoste hân
15 dan des vanen, der im was benant.
   wol werte ieslîch kristen hant,
   swâ der sehs vanen dehein
   ob im in dem strîte erschein:
   ir krîe ouch wâren gemeine.
20   Heimrîch al eine
   mich nû erbarmet sêre,
   daz die endelôsen êre
   sô tiure sîn alter koufte
   und anderstunt sich toufte
25 sîn geslehte dâ in bluote.
   wie was im dô ze muote,
   dâ sîniu kint und kinde kint
   und er selbe in solhen nœten sint,
   dar zuo mâge unde man?
30 sîn herze muoste jâmer hân:

406   bî dem jâmer was doch ellen.
   in selben und sîne gesellen,
   die sîne schilte truogen,
   die enkunde niht genuogen,
5 swaz si der heiden valden.
      an Heimrîch dem alden
   was von samît ein kasagân:
   ein phellel drunde was getân,
   îser unde palmât
10 dâ zwischen gesteppet und genât,
   zwêne hantschuohe des selben dran.
   ez muoste ein kollier ouch hân,
   daz sich gein der kel zesamene vienc.
   der sliz unz ûf den gêren gienc.
15 smârât und rubîn
   daz wâren dran diu knöphelîn,
   vor und hinden drûf sîn segen
   (des wolde er in dem strîte phlegen),

gesniten ûz einem borten
20 ein kriuze mit drîn orten,
geschaffen sô der buochstap,
den got den Israhêlen gap
mit dem lammes bluote
ze schrîben durch die huote
25 an bîstal und an übertür.
dâ muoste diu râche kêren vür,
swâ man den selben buochstap vant,
diu den schuldehaften was benant.
wir hân mit wârheit daz vernomen,
30 daz kriuze was mit drîen drumen,
407 swie manegez dar nâch gevieret sî,
dâ der megede sun unsanfte bî
was, unz daz sîn mennescheit
durch uns den tôt dar an erleit.
5 dem selben kriuze Heimrîch
am kasagân truoc gelîch
ûf einem brûnen samît,
dô den überlesteclîchen strît
im brâhte sînes sunes sweher.
10 iuwer iegeslîchen hât diu heher
an geschrîet in dem walde:
alsô wart ouch dort der alde
durch sînen strît beruofen.
er und die sîne schuofen
15 solhen rûm mit den swerten,
daz dâ manec storje gerten
balder von in ze kêren
denne ir schaden dâ ze mêren.
mit hurte dô brâhte ein tropel
20 Zernubilê von Amirafel.
der selbe künec krône
von rottumbes dône
truoc in wîtem rîche.
der kom gein Heimrîche.
25 sô guoter ritterschaft er phlac:
in dûhte, er hete in einen sac
al die kristen wol verstricket.

mit den ecken wart verzwicket
des selben küneges zuo komen.

30 dâ wart grôz swertes klanc vernomen.

408   dô kêrte der künec Zernubilê
gein dem, der wîz sô den snê
in dem strîte truoc den bart.
mit der vinteilen niht bewart

5 Heimrîch was under den ougen blôz:
diu barbierez niht umslôz,
sîn helm et hete ein nasebant.
Zernubilê manec kriuze vant
gesniten ûf ir wæte,

10 die mit ritterlîcher tæte
sînem puneiz vor gehielden
und dâ manec houbet spielden,
daz die zungen in den munden
deheine krîe enkunden.

15 Mahmeten liez ers walden:
dô kêrte gein dem alden
mit sporn getribener hurte
Zernubilê. der vuorte
ûf helme und ûf kursît

20 vil des durch minne gît
ir vriunt diu werde vriundin.
holte er an prîse dâ gewin,
daz geschach im niemêr dâ nâch.
sîner tohter sun dâ rach,

25 den klâren Vîvîanzen,
Heimrîch an dem glanzen,
der sô manec zimierde truoc.
der von Narbôn den künec sluoc
durch den helm unz ûf die zene.

30 ob ich mich nû dar umme sene,

409   daz ist ein verre sippez klagen.
die ir leben dannen solden tragen,
ob si nimmer strîtes gerten
mit lanzen noch mit swerten,

5 die ze beider sît dâ dolten nôt,
si wæren doch alle sider tôt.

dô der künec Zernubilê
was tôt gevellet ûf den klê,
daz wart mit schaden gerochen:
10 verhouwen und durchstochen
von den sînen wart manec kristen lîp,
die dâ heime klageten werdiu wîp.
    Bernarten von Brûbant
man noch bî Heimrîche vant:
15 bî sînem vater der beleip,
dô der grôze puneiz die andern treip
von im mit hurte krache.
nû kom vlockezende als ein trache
Klîboris von Tananarke.
20 ûf des helme was ein barke.
manec ander zimierde sîn
gap kostebæren sunderschîn:
durchliuhtec edele steine,
etslîcher niht ze kleine,
25 an gespunnenem golde hiengen,
die gein sunnen blic begiengen,
swenne imz houbet wolde wanken,
als ob im viurs vanken
vlügen ûz dem munde
30 glüendec obe und unde.
410 sus kom mit hurte Klîboris.
Bernart von Brûbant was gewis,
er bræhte im sînen endes tac.
    der getouften sô vil vor im lac
5 beide erslagen unde wunt,
solde ich si iu alle machen kunt,
wer dâ tôt wart gevalt,
wie der ander sînen mâc dâ galt,
wie der mit rotte kom gevarn,
10 wie der ander kunde niht gesparn
weder ors noch den man
und wer dâ hôhen prîs gewan
in dem her an allen sîten,
solde ich ir sunderstrîten
15 bescheidenlîchen nennen,

sô müeste ich ir vil bekennen.

der künec von Tananarke dranc
an den von Brûbant: hin er swanc
im shelmes breiter danne ein hant,
20 daz ez ûf dem hersenier erwant.
wære der halsberc niht dublîn,
ez müeste aldâ sîn ende sîn.
Bernart zôch ûf ein swert
(dem wâren sîn ecke beide wert),
25 Prêzjôsen, daz der künec truoc,
den der keiser Karl sluoc.
daz wart genomen ze Runzevâl:
dannen komz alsô lieht gemâl
mit den Franzoisen wider.
30 Bernharte wart ez sider,

411   der manheit wol getorste tuon.
des wart der Haropînes sun
durch barken und durch helm erslagen.
wîbe lôns emphâhære solden klagen
5 sîner zimierde liehten glast.
der klâre junge starke gast
underm orse tôt belac.
in die barken gienc der bluotes wâc:
swer marnære drinne wære gewesen,
10 der möhte unsanfte sîn genesen.

der sun des künec Oukîn
Poidwîz tet dâ wol schîn,
daz er hête bejaget
hôhen prîs dicke unverzaget
15 gein maneger tjoste mit den spern.
der kunde ouch mit dem swerte wern
des tôdes Kîûnen von Bêâveis
und vünf ritter kurteis
Franzoisære sîner gesellen.
20 die begunde er tôt dâ vellen
under diu ors ûf daz gras,
dâ Heimrîch der junge was:
mit zorn der an in ruorte.
er nam in vür mit hurte

25 und kêrte in umme schiere
gein dem künec Grôhiere,
durch des rinc vür sîn gezelt:
dâ gap er mit dem tôde gelt
um den burcgrâven Kîûn.
30 den rach Heimrîches sun

412 billîche: er was sîn mâc.
Poidwîz ouch tôt belac,
der manlîche tjostiur.
durch hôhe minne ûf âventiur
5 brâhte er dicke sînen lîp.
sîne mâge und grôzgemuotiu wîp
mohten bî den zîten
in manegen landen wîten
sînes tôdes riuwec sîn.
10 von Rabes der künec Oukîn
mohte ouch Poidwîzen klagen,
sînen werden sun, von dem man sagen
muoz durch guote ritterschaft.
waz half sîn grôziu hers kraft,
15 die im sîn vater schuof ze wer,
manege sunderrotte, über mer?
ûz den hete er sich erstriten,
daz er in ze verre was entriten.
swer die sînen ie verkôs,
20 der wart ouch etswenne sigelôs.
daz in der schêtîs eine sluoc,
daz kom dâ von. daz ors in truoc
durch den rinc des künec Grôhier.
dâ was im durch daz tehtier
25 daz houbetstüedel abe geslagen:
ez mohte szoumes niht getragen.
des wart er umme gewant
von des schêtîses hant,
daz er den rücke kêrte
30 dem, der in sterben lêrte.

413 lâzâ klingen! waz dô swerte erklanc
und waz dâ viurs ûz helmen spranc,
dâ der voget von Baldac

selbe strîtes sich bewac!
5 der getorste unde mohte.
lützel iemen daz getohte,
daz er im gæbe gegenstrît.
iedoch an der selben zît
ein ritter under srîches vanen
10 begunde die Franzoisære manen
und sînen vriunt Rennewart.
er nam daz ors ungespart
mit den sporn sêre,
er rief gein Terramêre:
15 'her an mich, altgrîser man!
dû hâs uns schaden vil getân:
ich gibe dir strît, sît dû des gers.'
grâve Mîlôn von Nivers
was der manlîche man genant.
20 des rîchen Terramêres hant
imz leben ûz dem verhe sneit.
diu tât was Rennewarte leit:
in dûhte der schade alze grôz
um sînen werden schargenôz.
25 den rach er alsus schiere:
er sluoc werder künege viere,
Fâbûren und Samirant,
Sâmûêlen und Oukidant.
winsterhalp an sîns vater schar
30 nam er des vünften küneges war:

414　der hiez Môrende,
von Rennewartes hende
wart der selbe ouch tôt gevalt.
alsus er Mîlônen galt.
5　　von sînem ungevüegen gelâz
huop sich vor im ein flâz.
des hers ûz Falfundê
kêrte ein teil gein dem sê:
si mohten langer strîten niht.
10 ir herren Halzebier man giht,
daz er des tages mit sîner schar
alrêst der vînde næme war,

daz er des sturmes begunde.
hie der müede, dort der wunde
15 entwichen schône iedoch mit wer
hin zir schiffen gein dem mer:
nâch den was Rennewarte gâch.
des markîs volc im zogete nâch
mit swertes slegen unz an den stat,
20 des er doch ir deheinen bat,
die Munschoie schrîten.
    an den selben zîten
der phalenzgrâve Bertram
daz herzeichen wol vernam
25 in einer sentîne
und sibene der mâge sîne,
dâ si gevangen lâgen
und grôzes kummers phlâgen.
Munschoie wart von in bekant.
30 ir hüetære wâren von Nûbîant.

415 Munschoie ouch si dort unden
schrîten, die gebunden.
dô Rennewart der starke
kom, dâ diu barke
5 von dem kiele unz an den stat
reichte und er dar în getrat,
er schufte dâ manegen über bort.
si vluhen unz an des kieles ort,
etslîche unz in die sentîn:
10 dâ wolden si genesen sîn.
er brach die dillen nâch in dan,
unz er si gar her vür gewan.
    Munschoie schrîten dise ehte:
er marcte ir stimme rehte,
15 daz si schrîten nâch der franze.
manec unsüeze schanze
wart getopelt dâ der heidenschaft.
er warf ir vil mit sîner kraft
al gewâpent in daz mer.
20 harte kleine half ir wer.
dô twanc er die von Nûbîant,

daz si sluzzen ûf diu bant,
armîsen, îsenhalden.
sus kunde er zûhte walden,
25 daz er der hüetære keinen sluoc:
die heten angest doch genuoc.
　　aldâ wart ledec Kibalîn,
Bertram und Gaudîn,
Hûnas und Samsôn.
30 ir hüetære emphiengen lôn

416　　dâ mite, daz er den lîp in liez:
von arte ein zuht in daz hiez,
sît si âne wer dâ lâgen
und swert noch bogen phlâgen.
5 dâ beliben die von Nûbîant:
ûz durch die barken ûf daz lant
dise ehte vürsten kêrten,
die der heiden schaden mêrten,
Bertram und Gêrart,
10 Hûwes und Witschart,
Samsôn und Gaudîn,
Hûnas von Sanktes und Kibalîn.
　　ê die gewunnen harnasch,
bî liehter sunnen dâ verlasch
15 manegem Sarrazîn sîn lieht.
dise ehte mohten strîten niht,
ê daz in gap strîtes kleit,
der mit der stangen vor in streit.
der sluoc der heiden dâ genuoc,
20 manegen, der solh harnasch truoc,
sich möhte ein keiser wâpen drîn,
swâ der in sturme solde sîn.
dise ehte vürsten wol geborn,
îsenhosen unde sporn,
25 halsberge, helme unde swert,
der heten wel die helde wert.
niht wan orse in gebrast.
　　Rennewart wol schutte sînen ast,
ich meine sîner stangen swanc,
30 der ûf helme und ûf schilte klanc,

417   daz man und ors dar under starp.
       dô der orse dâ sô vil verdarp,
       daz widerriet im Bertram.
       des vürsten rât er sus vernam:
   5 'dû solt die ritter stôzen,
       die gewâpenden und die blôzen,
       mit der stangen ûf die erden.
       lâz uns der orse werden
       sô vil, daz wir gerîten:
 10 sô helfe wir dir strîten
       zorse baz danne ze vuoz.'
       'des râtes ich dir volgen muoz'
       sprach der junge Rennewart.
       mit stôzen was dô ungespart
 15 vil der Sarrazîne.
       er dâhte: 'ob ich die mîne
       zorse möhte bringen,
       die liezen swert erklingen.'
       swaz er dô ritter nider stiez,
 20 der guoten orse er dâ niht liez,
       er zôch si disen ehten dan.
       lantgrâve von Düringen Herman
       hete in ouch lîhte ein ors gegeben
       (daz kunde er wol al sîn leben)
 25 halt an sô grôzem strîte,
       swâ der gernde kom bezîte.
       der rede sî nû hie ein ort:
       nû hœrt ouch, wie si striten dort.
       Esserê der emerâl
 30 mit zimierde lieht gemâl,
418   ein vürste ûz Halzebieres her,
       der hielt mit rotte aldâ ze wer
       dennoch unbetwungen.
       Rennewart kom gedrungen,
   5 daz er in möhte erlangen.
       er stiez in mit der stangen
       durch den lîp, der wâpen truoc,
       wol klâfter lanc: des was genuoc.
       des ors wart dô Kibelîn,

10 dar ûf er manegen Sarrazîn
verschriet. nû sint dise ehte
ûz Willehalmes geslehte
zorse und wol bereite:
in den strît gap in geleite
15 ir nifteln Alîzen soldier.
nû ersâhen si, daz Halzebier
vor in als ein eber vaht:
doch was sîn ellenthaftiu maht
müede, wande er al den tac
20 zorse und ze vuoz des strîtes phlac,
des noch sîn prîs hât lobes lôn.
nû bekande in Samsôn
bî dem schilt (des was doch wênec ganz):
dâ wart gerochen Vîvîanz
25 mit den ecken sêre
und daz er Terramêre
dise ehte gevangen gap.
wan daz des sturmes urhap
des tages von sîner hant geschach,
30 si heten grœzer ungemach,

419   dise ehte, von im gewunnen.
des strîtes wart begunnen
an den künec von Falfundê:
si tâten im, er tet in wê.
5   ei got, daz dûs verhanctes!
Hûnas von Sanktes
lac vor sîner hende tôt.
von wunden harte grôze nôt
die sibene emphiengen, swaz der was,
10 ê daz si tôten ûf daz gras
den starken künec gevalten.
im sweize muoste erkalten
sîn werder lîp, ê der erstarp.
der ie nâch solhem prîse warp,
15 des andern künegen was ze vil,
er stiez so kostebæriu zil
mit manheit und mit milte,
daz es durch nôt bevilte

ander künege sîne genôze.
20 sus starp der schanden blôze
âne alle missewende.
man giht, daz sîne hende
wol getorsten strîten unde geben.
zuht mit triuwen, al sîn leben
25 al dise werdeclîchen site
unz an den tôt im wonten mite.
ûz sehs hern, der er phlac,
manec vürste um in gestreut lac,
die smorgens zuo zim wâren geschart.
30 gerne hete in Terramêr bewart.

420   man hôrte dâ manege krîe.
dâ ergienc ein temperîe,
als wir gemischet nennen.
man mohte unsanfte erkennen
5 den getouften bî dem Sarrazîn.
Alischanz muoz immer sælec sîn,
sît ez sô manec bluot begôz,
daz ûz ir reinem verhe vlôz,
die vor gote sint genesen.
10 nû müeze wir teilnünftec wesen
ir marter und ir heilekeit!
wol im, der dâ sô gestreit,
daz sîn sêle sigenunft emphienc!
sæleclîche ez dem ergienc.
15 hurtâ, wie der markîs
den beiden leben warp dâ prîs,
dises kurzen lebens lobe
und dem, daz uns hôch ist obe!
swâ die gezimierten
20 ûf in punierten,
ungezalt valte er si nider.
ez wart ouch Rennewarte sider
ein ors, hiez Lignmaredî.
daz lief mit lærem satel bî
25 dem künege Oukîne.
der mante al die sîne,
er sprach: 'ouwê, wâst Poidwîz,

an dem lac mîner vreuden vlîz?
hie kumt sîn ors, daz er reit,
30 daz er mit sîner hant erstreit
421 vor dem berge zAgremuntîn.
ouwê,' sprach er, 'sun mîn,
sol ich dich immer mêr gesehen?
dîn vriunt, dîn vînde müezen jehen,
5 daz dîn hant manegen sic ervaht.
dir was der sic ouch wol geslaht
von mir: ich wart nie sigelôs
wan hiute, ob ich dich verlôs
gein dem rœmeschen künege Lôîs.
10 ob die getouften dînen prîs
bekanden, in wære leit
dîn sterben, ob si sicherheit
kunnen nemen und ob sie
dîn tugent wessen. ich vriesch nie
15 dînen gelîchen ûf der erden.
ich muoz ertœtet werden,
ich enversuoche, war dû sîs getân.'
   sus kom der klagende grîse man
ûf den markîs gevarn.
20 der kunde in dâ vor wol bewarn,
daz er dar nâch iht dorfte klagen.
doch wart sîn helm alsô durchslagen
von des küneges Oukînes hant,
daz man in bluotec dürkel vant,
25 swer in dar nâch wolde sehen.
der marcgrâve muoste jehen,
daz in ein helt dâ bestuont,
dem elliu wâfen wæren unkunt
sînem verhe schadehaft.
30 mit guoter kunst, mit starker kraft
422 was al sîn harnasch geworht.
er was ouch selbe ie unervorht
in manegem sturme erkennet:
sîn prîs was hôch genennet.
5 ûz der jugent in sîns alters tage
ranc sîn hant nâch dem bejage

mit milte, mit manlîcher tât,
dâ von man lop ze redene hât:
sîn lîp nie zageheit erschrac.
10   manegen ellenthaften slac
emphienc von sîner werden hant
der vürste ûz Provenzâlen lant.
Willehalm sich muoste wern,
ob er den lîp dâ wolde ernern.
15 Schoiûse wart geswenket,
dâ der schilt was gehenket
bî shelmes snüere stricke.
si wâren beidiu dicke,
von palmât ein kollier,
20 von stahel ein veste hersenier.
daz half niht al sîn herte:
rehte als ein swankel gerte
wart ez hin abe gehouwen.
den lîp man mohte schouwen
25 âne houbet in dem satel sîn.
dâ viel dem künege Oukîn
daz houbet und der schilt ze tal,
dar nâch der lîp über al
underz ors ûf die molden.
30 sus starp der unbescholden.
423   der künec Arestemeiz
und der künec von Belestigweiz
und der starke künec Haropîn
(die getorsten wol in sturme sîn)
5 dô kômen mit rotte sunder.
er mohte dâ kiesen wunder,
swerz müezec was ze schouwen.
ir her almeistec vrouwen
mit zimierde sanden dar.
10 der drîer künege, ir keines schar
was dennoch an die ritter komen:
dâ hete si Larkant von genomen,
manec enger vurt, den si riten:
si kômen alrêst nû, dâ si striten.
15   innen des ruote ouch Rennewart.

ob sîn besenget junger bart
mit sweize iht wære behangen
und ob in sîne stangen
wære inder swertes slac geschehen?
20 jâ, man mohte an ir wol sehen,
daz dran diu stehelîniu bant
von dem drume unz an die hant
vaste wâren verschrôten.
man mohte si vür die tôten
25 wol zeln, die daz tâten.

    nû was der strît gerâten
zeinem alsô verren rucke
von der drîer künege drucke,
daz sêre entweich diu kristenheit.
30 diu tât was Rennewarte leit,

424 der sach den wehsel an der diet:
swâ müediu schar ûz sturme schiet,
sô kom manec ander mit kraft.
sô vil was der heidenschaft,
5 daz nie geprüevet wart ir zal.
manec hurte dâ sô lûte erhal,
dâ von daz kristenlîche her
begunde müeden an der wer.
ze helfe kom in Rennewart.
10   er kêrte hin, dâ Gêrart
wol vaht und die mâge sîn
gein dem starken künege Haropîn,
dem alten Tananarkeis.
ze sburcgrâven von Bêâveis
15 rotte wâren si dâ komen.
die heten schaden ê genomen
an ir herren, der was erslagen:
si getorsten werdeclîche tragen
noch sîne baniere.
20 Rennewart si schiere
bekande und daz des rîches vane
von in was entwichen dane
durch dise geruoten schar drî.
Îwân von Rœms ûz Normandî

25 was, der sr̂iches vanen truoc.
   starc und manlîch genuoc
   was des herze und al sîne lide.
   er hete des tages âne vride
   durch manege schar gedrungen,
30 dâ swert ûf im erklungen.
425 dô der Rennewarten sach,
     in dûhte, daz er nie ungemach
     des tages in sturme emphienge,
     swie ez dar nâch ergienge.
 5   sich koberten die getouften gar
     und nâmen niuwes schaden war:
     nû kom der künec von Nûbîant,
     sîner süne vierzehene erkant
     ze künegen in sundern landen.
10   die getouften ritter wânden,
     daz dâ snîten ritter ûz dem luft.
     sîn bart was grâwer dan der tuft,
     des alden künec Purrel.
     gezimieret manec ritter snel
15   geschart mit sînen sünen zuo riten.
     si hânt noch um den wurf gestriten,
     alle die getouften dâ.
     was ir iht mêr anderswâ,
     die ensâhen solhes kummers niht,
20   als uns diz mære dannen giht.
     des küneges schar von Nûbîant
     was diu hinderst über Larkant.
     nûst der schûr gar her vür:
     got waldes an der siges kür.
25   Purrel der künec rîche
     was gewâpent wunderlîche.
     sîn halsberc einer hiute was,
     der hâr schein grüener dan daz gras,
     daz stêt bî der wisen zûne.
30   der wurm hiez neitûne,
426 dâ diu hût was abe geschunden:
     diu was sô herte ervunden
     in gelîcher art dem adamas.

ein schilt ouch drûz gemachet was,
5 an allen orten veste,
immer ein der beste,
der ûz der schar kom vînden bî.
smârât und achmardî,
der beider grüene was ein niht
10 gein der grüene, als man dem schilte giht.
  ein ander wurm hiez muntunzel,
dar ûz dem künec Purrel
ein helm was erziuget.
diz mære uns niht betriuget:
15 daz sult ir hân vür ungelogen,
rehte alsô die regenbogen
in vier slahte blicke gevar
was des selben wurmes hâr:
alsô was sîn swarte ouch innen.
20 die enkunde niht gewinnen
weder schuz noch slac noch stich:
der künec mohte trœsten sich,
daz er âne wunden
belibe zallen stunden,
25 swenne er dar under wære.
niht ze dicke, niht ze swære
wâren die selben wurmes hiute.
ez wâren spæhe liute,
die worhten solhe sarwât,
30 der man ûf dem Sande wênec hât.
427   sus kom der künec Purrel
mit maneger pusînen hel:
über al daz her erschal der dôz.
die getouften durch nôt verdrôz
5 sô maneger niuwen starken schar.
sich samelierten aber gar
ir sehs vanen zein ander.
Purrels sun Alexander
und ein sîn sun Bargis
10 und Purrel selbe wâren gewis,
in wære der sic behalden.
die jungen vor dem alden

alle vierzehene sprancten.
ob werdiu wîp des dancten
15 den, die ir leben dan
brâhten, daz was guot getân.
dienden si nâch minne,
sô hete ich zir gewinne
unsanfte dâ gephlihtet.
20 si wurden des berihtet,
wie man in stürmen dienen muoz
hôhe minne und den werden gruoz.
  Purrel dâ mohte schouwen
sîniu kint verhouwen
25 und ander sînes hers vil.
diu gebot an solhem topelspil
kunde er wol strîchen unde legen:
er was mit stichen und mit slegen
ûz der jugende unz in sîn alter komen,
30 sperkraches hete er vil vernomen.
428 gein der rehten manheite
sîn herze im gap geleite.
swâ man des vil von künegen saget,
dâ wirt armmannes tât verdaget.
5 arme ritter solden strîten:
ein künec wol möhte bîten,
unz er vernæme diu mære,
wie der vurt versichert wære.
der Bâligânes tohterman
10 Purrel ie hôhen prîs gewan,
swenne er mit dem swerte
strît emphienc und strîtes werte.
  nû wart er wol innen des,
daz ein sîn sun Palprimes
15 gein srîches vanen kummer leit:
der vuorte sô tiuriu wâpenkleit,
daz man ûz maneger schar
nam sîner zimierde war.
Purrels ors mit hurte in truoc
20 dem sune ze helfe, dâ er sluoc
Kîûnen von Munsurel

und Rêmôn, des lop was hel,
ûz Dânjû den barûn.
sus beschutte er sînen sun.
25 dâ lac ouch tôt von sîner hant
der werde ûz Purdel Gîrant.
von Poitouwe Anshelm lac dâ tôt.
des vater leit die selben nôt:
der hiez Hûc von Lunzel.
30 die vünfe sluoc dâ Purrel.

429   noch grœzer schade von im geschach.
den künec von Nûbîant man sach
eine strâze houwen durch daz wal.
der getouften viel sô vil ze tal,
5 daz wîter rûm um in wart.
in den rinc spranc Rennewart,
daz er die stangen möhte erbürn:
man begunde ouch sîne slâ dâ spürn.
dô reit der künec Purrel
10 starc, küene unde snel
ein ors, gewâpent ûf den huof,
daz dicke hurteclîchen schuof
sînen willen, swenners gerte.
Rennewart in werte
15 noch mêr, denne er im schuldec was.
gein dem schilte grüener danne ein gras
diu stange hôhe wart erzogen.
der helm gelîchte dem regenbogen:
dâ wart ungesmeichet
20 helm und schilt erreichet
mit einem alsô starken swanc,
daz diu stange gar zespranc.
ob der trunzûn swære
ûf in den luft iht wære?
25 jâ: dô er sich nider liez,
durch den helm er einen ritter stiez.
     Purrele erkracheten gar diu lit.
Kîûn von Munlêûn der smit
mit vlîze worhte die stangen:
30 doch zebrâsten gar ir spangen.

430   wan daz harnasch würmîn,
der künec Purrel müeste sîn
von dem slage gar zestoben:
sîne vriunt diu wâpen mohten loben.
  5 seht, ob er drûf iht dolte nôt:
des einen slages daz ors lac tôt
und der künec lac unversunnen.
schiere kom gerunnen
ûz munde, ûz ôren und ûz nasen,
10 daz machet al rôt den grüenen wasen.
    mit der viuste Rennewart dô streit,
swaz Purrels hers im gereit.
mit der viuste vaht er vürbaz:
sîns edeln swertes er vergaz
15 in der scheiden an der sîten.
ir engesâhet nie viuste strîten
manlîcher denne daz sîn.
zuo zim hurte Kibelîn
ûf dem ors, daz Esserê
20 in dem sturme was genomen ê:
der bat in zucken daz swert.
der bete er schiere wart gewert.
    hurtâ, wie daz versuochet wart!
vor sînen ecken ungespart
25 beleip dô harnasch unde man.
swelher im dâ niht entran,
des leben muoste sîn ein phant.
er warf ez umme in der hant,
er lobete im valze und ecken sîn,
30 er sprach: 'diu starke stange mîn
431   was mir ein teil ze swære:
dû bist lîhte und doch strîtbære.'
    ob dem künege Purrel geschach
ze beider sît grôz ungemach,
  5 den kristen und den heiden.
dâ ergienc von in beiden
hurteclîchez kriegen.
si liezen gêre vliegen
mit anderm ir geschôze.

10 von getouften bluotes vlôze
und von den werden tôten
daz velt begunde rôten.
Purrels her reit âne sper,
wan die durch der minne ger
15 dâ wol gezimieret riten.
etslîcher hât noch dâ gebiten,
wie sîn vrouwe künne lônen:
ir enkunde niht geschônen
Rennewart, dem ouch nâch minne
20 stuonden sîner vreuden sinne.
    Purrel der grîse künec alt
wart dan getragen mit gewalt
ze vuoze von den sînen.
si liezen dâ wol schînen,
25 daz si wâren unverzaget.
ûf sînem schilte, ist uns gesaget,
truoc in manec ritter wunt
unz mer ûf einen tragemunt
verre über eine heide.
30 si sâhen an im leide.

432   der rîche ellende
hete dâ mit sîner hende
sînem alter prîs errungen.
die vierzehen jungen,
5 des küneges süne von Nûbîant,
ir neve Sînagûn dô vant
vil nâch umme gekêret.
si wâren alsô versêret:
wære er mit sîner müeden schar
10 ûf sînem orse trachenvar
in niht ze helfe zuo geriten,
si heten Franzoise überstriten.
    dô sach der rîche Terramêr
an sînen mâgen herzesêr.
15 der begunde al die sîne manen.
wol truoc des admirâtes vanen
von Salenîe Ektor.
Poidjus sach ê dâ vor,

daz Halzebier was erslagen:
20 daz begunde er Terramêre sagen,
    der mêr noch schaden dâ vernam.
    Rennewart sluoc Gôlfam
    den künec von Belestigweiz.
    manegem hurteclîchen puneiz
25 Rennewart dâ vor gestuont.
    von im wart Gîbôez ouch wunt,
    der werde schahteliur von Kler.
      dâ entweich Tîbalt und al des her.
    von Karkasûn Trohazzabê
30 gevlohen hete wênec ê,
433   der Ehmereizes vanen truoc,
    unz er ersach, daz dâ sluoc
    der herzoge Bernart
    Ektor, der ie bewart
5 was vor aller zageheit.
    des wart diu schumfentiure breit,
    dô der vane dâ nider lac,
    den der voget von Baldac
    bevalh dem künege Ektor.
10 des rîches vane swebete enbor:
    als tet der vane von Brûbant,
    den Landrîs vuorte an der hant:
    hôch was der Provenzâle vane,
    dâ der sterne von golde ane
15 lac der rîcheit gelîch:
    sînem vanen, des alden Heimrîch,
    und dem vanen von Tandarnas,
    dâ der schêtîs under was,
    den vünf vanen wol gelanc
20 gein manegem kummer, der si twanc.
    Bertram und Gîbert,
    der zweier vanen manec swert
    volcte nâch bluotvar:
    Terramêres kinde schar
25 wart von in umme gewant.
    waz half ir her ûz manegem lant?
    die muosten mit im lîden nôt.

der heiden strîtes herte tôt
was, Poidwîz und Halzebier.
30 dâ vlôch manec edel soldier.
434   swer den keiserlîchen namen hât,
den die heiden nennent admirât,
derst ouch voget ze Baldac.
Terramêr der beider phlac,
5 er was voget und admirât.
seht, waz man rœmeschem keiser lât
ze Rôme an rœmescher phahte.
hôch mit hôher ahte
hât rœmesch krône vor ûz den strît,
10 daz ir niht ebenhiuze gît:
sô scharph ist rœmesch krône ervorht.
swaz ander krône sint geworht,
die ûf getouften houbeten sint,
ir aller kraft gein dirre ein wint
15 ist: si enmugens et niht getuon.
als hete der Kanabêus sun
hœhe über al die heidenschaft
beidiu von arte und ouch von kraft
und diu erbeschaft von Bâligân
20 hete im gemachet undertân
vil künege dienestlîche.
wære er noch als rîche,
dannoch hât mêr Altissimus.
der schuof ez in dem strîte alsus:
25 swaz amazûre und eskelîr
dâ wâren mit dem von Muntespîr,
al sîne künege und emerâl
mit schumfentiure von dem wal
muosten vlühtec rîten
30 mit vlust an allen sîten.
435   ir sælekeit si mêrten,
mit den swerten umme kêrten
die kristen al die heidenschaft.
der verren und der nâhen kraft,
5 dâ vür wil ichz hân erkant,
mit der wârheit diu gotes hant

des gap die besten stiure.
manlîcher schumfentiure
nie geschach in manegen jâren.
10 sus wurben, die dâ wâren
verdecket mit dem toufe,
sô der edel vorloufe,
der sîner verte niht verzaget
und ungeschütet nâch jaget,
15 swenne er geswimmet durch den wâc.
dennoch manec koberunge lac
an der ritterschaft der Sarrazîn.
dâ tet wol ûf der vlühte schîn
Fâbors und Kanlîûn
20 und Ehmereiz, Tîbaldes sun,
daz si wol kobern kunden.
swâ si bekummert vunden
beide ir mâge und ir man,
alsô hulfen si den dan,
25 des ir ritterschaft hete êre.
dannoch hardierten sêre
die getouften et mit kalopeiz.
möhte ir volleclîcher puneiz
ûf den wunden orsen sîn getân,
30 sô wære dâ phandes mêr verlân.

436   hin vlôch der admirât
(des was et dô dehein ander rât)
ûf sînem ors Brahâne.
gein der muntâne
5 kêrte sînes hers genuoc,
des man sît dâ vil ersluoc,
etlîche ouch gein des mers stade.
al gewâpent hin zem bade
man manegen vürsten kêren sach,
10 des hant nie questen gebrach.
etlîche vluhen ouch in daz muor.
manec sîdîn gezeltsnuor
wart ûf der slâ enzwei getret.
dâ wart man und ors gewet
15 in dem wazzer Larkant.

dennoch dâ manec getouftiu hant
vant vil werlîchen strît:
wan swâ die lücken wâren sô wît,
daz si durch mohten brechen,
20 slahen unde stechen
was under Josweizes vanen,
des hôchgemuoten, der den swanen
truoc in vanen und ûf schilte.
der werde künec milte
25 muoste ab dem vurte entwîchen.
doch unlasterlîchen
werlîche er dicke kêrte,
sînen prîs er hôch gemêrte:
er beschutte manegen Sarrazîn,
30 der dâ beliben müeste sîn.

437   der sehs herzeichen ruof,
die man smorgens den getouften schuof,
wart etswâ nû vergezzen,
dô mit swerten was gemezzen
5 diu schumfentiur sô wît, sô grôz.
man hôrte dâ manegen niuwen dôz:
swannen ie der man was benant,
alsô schrei er al zehant
in vürten und ûf plâne.
10 Gandalûz von Schampâne
und die sîne schrîten Prôvîs.
Jofreit von Sâlîs
ouch sîner krîe niht vergaz.
Îper und Arraz
15 schrîten Vlæminge:
maneges swertes klinge
erklanc, sô man die krîe schrei.
vaste ûf der slâ Nanzei
schrîten Lohereine.
20 al über die sarcsteine,
dâ die gehêrten lâgen,
die ze himele ruowe phlâgen,
mit swerten an den vurt gement
wart manec eskelîr, der ungewent

25 was, daz er vliehen solde.
der admirât nû dolde
von den rœmeschen vürsten schande.
sîne künege ûz manegem lande,
man swuor dâ bî ir hulden niht.
30 als uns diz mære dannen giht,

438   von herren, von mâgen beiden
schiet âne urloup manec heiden
von strîtes überlaste.
    volleclîche lanc drî raste
5 ein kiel an dem andern stuont,
ussier, kocken, tragemunt,
die kleinen und die grôzen,
mit banieren überstôzen.
swâ der rotte anker hêten grunt,
10 daz tet ir banier schône kunt.
etslîche nâmen unkunden rûm,
swenne si durch den vrischen phlûm
vluhen unz an den salzsê.
swer begreif die barken ê,
15 der beite sînes bruoder niht.
etslîchem eskelîr man noch giht,
er vrâcte wênec mære
um sînen marnære.
dâ muosten künege selbe varn,
20 wolden si den lîp bewarn,
etslîche âne segel ûf gezogen.
sîner manheit was unbetrogen
al der heiden admirât,
der werlîche gekêret hât
25 vor sîner schiffunge an dem mer.
ich sage iu, wer dâ hielt ze wer:
Sînagûn und Ehmereiz,
Prûanz und Utreiz,
Îseret und Malatons,
30 Marjadox und Malakrons.

439   ê truogen vörhen rôtiu mâl:
rôt wurden vische über al
von dem strîte in Larkant.

ouch wart der Provenzâlen lant
5 von maneger vlühteclîchen schar
ûf der slâ al rôt gevar
alsô der berc Tahenmunt.
dâ vlôch manec ritter sêre wunt,
verhouwen durch sîn harnasch.
10   Rennewart kom durch den phasch
ze vuoz geheistieret her nâch,
dâ er mit maneger rotte sach
sînen vater den alden
der jugent gelîche halden
15 mit unverzagetem muote.
meister Hildebrandes vrou Uote
mit triuwen nie gebeite baz,
denne er tet maneger storje naz
mit bluote begozzen.
20 werlîch und unverdrozzen
hielt der voget von Baldac.
hie der stich, dort der slac,
swenne ie der niuwen storje stôz
sich hurteclîchen în geslôz,
25 sus kom daz kristenlîche komen.
ich macs wol jehen ûf die vromen:
ich enmac iu von den zagen
an dirre unmuoze niht gesagen.
ich sage et von getürste,
30 wie der Provenzâle vürste,
440   Willehalm der markîs,
und sîne helfære wurben prîs:
der kom mit manegem Franzois.
der herzoge ûz Virmendois
5 und der herzoge Bernart,
sîn bruoder, kom ûf der vart
mit heller stimme nâch gejaget
und Buove der unverzaget,
der lantgrâve ûz Komarzî.
10 dem jaget dô aller næste bî
des alden Heimrîches vane.
nû was der heidenschefte bane

von huofslegen sô wît erkant,
daz man si kuntlîche vant.
15 des küneges vane von Tandarnas
alrêst ûz den getouften was
durch den vurt nâch den Sarrazîn.
Bertram und Kibelîn
erhiewen die êrsten lücken.
20 lâzâ nâher tücken!
waz man baniere und vanen sach
ûf der slâ zogen nâch!
die sehs vanen der kristenheit,
etswâ gezart, etswâ niht breit
25 nû gar durch vürte wâren.
ir gevrieschet in manegen jâren
sô herte emphâhen, sô sûrez komen,
als ze beider sît dâ wart vernomen,
von Terramêres tragemunt.
30 des wart manec ritter ungesunt.

441   der markîs nû des niht lât,
er endringe et gein dem admirât:
daz riet sîns herzen gebot.
nû sach er Kâhûn den got
5 ûf einem grîfen gemâl,
als in Bâligân ze Runzevâl
gein dem keiser Karle truoc:
Terramêres schilt genuoc
was dennoch mêr gehêret.
10 des wart manec helt versêret,
dô der markîs diu wâpen kôs,
dar under Bâligân verlôs
den lîp und Palprimes sîn sun.
ir werder got Kâhûn
15 ûf ir schilte den grîfen reit,
dar unde ouch Terramêr hie streit.
im wâren diu wâpen wol geslaht:
er erbete ir rîcheit und ir maht.
Volatîn mit sporn betwungen
20 wart, dâ vil swerte erklungen.
vil künege ûz der heiden her

wâren vor ir admirât ze wer,
etslîch sîn kint und manec sîn mâc.
hie von dem stich, dort von dem slac
25 geschach dâ vil der wunden:
siech wurden die gesunden.
dâ was diu ruowe strenge:
von maneger hurte enge
wart ûf dem wîten plâne.
30 Terramêr ûf Brahâne

442 mit volleclîcher hurte
an den marcgrâven ruorte:
er sluoc in durch den helm sîn
noch sêrer, denne in Oukîn
5 dâ vor hete verhouwen.
man mohte ouch dâ nâch schouwen,
daz dâ sêre wart zetrant
der halsberc ûz Jozerant.
durch den grîfen und durch Kâhûn
10 wunt wart Kanabêus sun,
der edel hôhe recke.
diu Schoiûsen ecke
in durch al sîn harnasch sneit.
 den strît mit hurte underreit
15 der künec von Lanzesardîn:
Kanlîûn tet dâ wol schîn,
daz er sînen vater sach
ungerne in solhem ungemach.
an den kom dô Rennewart.
20 des was der bruoder ungespart:
von dem wart Kanlîûn erslagen.
si enkunden niht ein ander sagen
von deheiner künde ê.
Rennewart den künec Gîbûê
25 unz ûf den swertvezzel schriet.
durch al der sarringe niet
er sluoc den künec Malakîn.
Kâtor muoste der vierte sîn
und dem jungen künec Tampastê
30 tet er ouch mit dem tôde wê.

443   des vater sluoc ouch Vîvîanz
in dem êrsten sturme ûf Alischanz.
   wie diu vluht dô geriet?
wie daz kint von sînem vater schiet?
5 wie schiet der vater von dem kint?
seht, wie den stoup der starke wint
her und dar zetrîbe.
wer dâ schiet von dem lîbe,
wer dâ zorse und ze schiffe entran,
10 über al ich des niht kan
iuch zeinem ende bringen
und die nennen sunderlingen.
wan der admirât wart sêre wunt
geleget ûf sînen tragemunt,
15 der niemêr schumfentiur emphienc.
hœrt, wer mit im ûz sturme gienc:
von Bailîe Sînagûn
und Bargis, Purreles sun,
und des bruoder Tenebreiz.
20 gefurrieret was ir sweiz.
an diu schef truoc manec ritter guot
geparrieret sweiz und bluot:
diu kleider wurden dâ gesniten.
dâ wart niht langer dô gebiten,
25 mit vluht ein ende nam der strît.
daz klagete al sîne komenden zît
Terramêr der werde.
sus schiet von rœmescher erde,
der dâ vor dicke ûf Rôme sprach,
30 ê daz diu schumfentiur geschach.
444   der goldes rîche Tedalûn
und Terramêres tohtersun,
Poidjus von Frîende,
ieweder sîner hende
5 ûf der vluht getrûte alsô wol,
von ir verhe emphienc den zol
dennoch manec getoufter soldier.
ezidemôn daz tier
in Poidjuses vanen lac:

10　dô Tedalûn der vlühte phlac,
　　er wolde svanen niht langer phlegen
　　ûf sînen vlühteclîchen wegen:
　　der tiure phellel von Trîant,
　　den Tedalûn vuorte an der hant,
15　und der schaft lignâlôê
　　und daz sper geworht in Tasmê,
　　dâ mite emphienc Gandaluz
　　eine solhe tjost, sîns bluotes vluz
　　den tiuren phellel gar begôz.
20　diu tjost wart hurteclîch sô grôz,
　　dâ von der Schampâneis lac tôt.
　　daz selbe gelt hin wider bôt
　　Rennewart der unverzagete
　　ze vuoz snellîchen jagete,
25　Tedalûnen er ersluoc,
　　der in dem sturm manlîche truoc
　　sînes swestersunes vanen.
　　dô begunde er Poidjusen manen,
　　daz er wider kêrte an in.
30　des tet er niht: daz lêrte in sin.

445　　　Rennewart den grôzen schaden sach,
　　der an dem vürsten dâ geschach,
　　ûz Schampâne dem gêrten,
　　und wie die sînen mêrten
5　ob im den jâmer alsô grôz.
　　wart ie jâmer des genôz,
　　daz muoste vil ougen arnen
　　und ir herzen sich des warnen,
　　vil wazzers dar ze lîhen,
10　und der vreuden sich verzîhen.
　　swâ sô werder tôte læge,
　　wer dâ lachens phlæge?
　　ungerne ich iemen des dâ zige.
　　der marcgrâve hete den sige
15　mit grôzem schaden errungen
　　und jâmers dâ betwungen
　　manec getouftez herze.
　　der kristenlîche smerze

was in sîn her geteilet.
20 vil wunden noch ungeheilet
die sînen vuorten ûf daz wal.
dâ heten siuftebæren schal
die minnern und die merren.
hete ich einen herren,
25 vor sînem hazze selten vrî,
ob ich in sturme wære dâ bî,
dâ der sînen lîp verlür,
ob man mich sæhe in jâmers kür,
des müeste ich trügelîche jehen:
30 daz mohte aldâ niht geschehen.

446   dâ was gewunnen und verlorn.
etslîche heten vreude erkorn:
sô heten die andern jâmers hort.
daz was der site hie und dort
5 an den selben zîten.
im her an allen sîten
swen dâ leben liez der tôt,
swie grôz wart anders dâ des nôt,
der hete sich selben vunden.
10 ieslîcher sînen kunden
suochte ûf dem wal und ûf der slâ.
sô vant der sînen vater dâ,
sô vant der sînen bruoder hie
(des phlâgen dise unde die),
15 sô vant der herre sînen man.
mêr vindet, der wol suochen kan,
denne der suochens sich bewiget
und durch trâcheit stille liget.
ob nû gar mîne sinne
20 solden sprechen von gewinne,
waz maneger rîcheit dâ bestuont,
mir wære diu zal dannoch unkunt.
dâ wurden die armen rîche,
die dâ tâten dem gelîche,
25 daz si nemen wolden,
als si billîche solden.
der rîche, der arme, dirre und der

vant mêr dan nâch sîns herzen ger.
ich enbin niht, derz iu sunder zelt,
30 waz ieslîch hant dâ hât gewelt.

447   Bernart von Brûbant
blies ein horn, daz Olifant
an Ruolandes munde
nie ze keiner stunde
5 an deheiner stat sô lûte erhal.
daz kristen her hete ûf dem wal
beide vreude unde klage.
nû was diu sunne an dem tage
harte sêre ze tal gesigen,
10 manec getouftiu sêle hin ûf gestigen:
ez begunde et nâhen der naht.
wer in die spîse hête brâht
an manegem ringe schône?
die von Samargône:
15 ûz Indîâ, von Trîant
man wunder dâ von spîse vant,
vil spîse ûz Alamansurâ:
vil spîse ûz Kânach vant man dâ,
vil spîse brâht ûz Suntîn:
20 dâ muoste ouch mêr der spîse sîn
von Todjerne und von Arâbî.
ob rœmescher keiser wæren drî,
ieslîcher mit sunderher,
die heten volleclîche zer
25 dâ vunden ûf ir reise.
vil spîse ûz Orkeise,
vil spîse ûz Adramahût:
dâ wart manec verhouwen hût
mit unkunder spîse erschoben.
30 solhe herberge kunde ich loben,

448   swenne ichz gerne tæte,
dâ ich vünde alsolh geræte.
   ich enmac niht geben sundernamen
ir spîse, dem wilden und dem zamen,
5 und ir trinken maneger slahte
von kostenlîcher ahte,

môraz, wîn, sinôpel.
Kiper und Vinepôpel
hânt sô guoter trinken niht gewalt,
10 als si dâ vunden manecvalt.
gelesched nâch der hitze
wart dâ maneger, daz sîn witze
niht gein Salomône wac.
dâ was ir naht und ir tac
15 ungelich an der arbeit.
etslîcher tranc, daz gar sîn leit
mit liebe nam ein ende.
swaz al der heiden hende
in dem sturme heten im getân,
20 diu klage muoste ein ende hân:
in dûhte, er hete si alle erslagen
und daz alle helde zagen
wæren, wan sîn eines herze.
sîn selbes wunden smerze
25 was im rehte ein meien tou.
weder der noch dirre in rou,
ez wære sîn vater oder sîn mâc.
er enruochte, wer dâ tôt belac:
er enruochte ouch, wer dâ lebete.
30 sus der nâch prîse strebete.

449   die die wirtschaft dâ besâzen,
den was almeistec lâzen
zer âder oder sus ze verhe.
vant man dâ rede twerhe,
5 diu wart smorgens lîhte sleht.
dâ hete der herre und der kneht
sô genuoc, daz in niht gebrach.
daz was en tiuschen guot gemach:
en franzois heten si eise.
10 hie der kurteise
und dort der ungehovete man,
ieslîcher dâ genuoc gewan
von rîcheit, die si vunden.
etslîcher grôze wunden
15 ahte als einer brâmen kraz.

die heiden von ir koufschaz
heten vil gegeben ze zolle.
ir werder got Apolle,
wolde er zürnen und ir admirât,
20 des heten dise guoten rât,
swenne si ir hulde enbæren,
ob si in ir hazze wæren.
Mahmete und Tervigant,
Kâhûn, swie si wâren genant,
25 al der heidenschefte gote,
ûf dem wal die naht wart zir gebote
lützel dâ gestanden.
in toufbæren landen
hânt si halt noch vil kleinen prîs.
30   in diende ouch wênec der markîs:
450   Jêsus mit der hœsten hant
die klâren Gîburc und daz lant
im des tages in dem sturme gap.
er brâhte den prîs unz in sîn grap,
5 daz er nimmer mêr wart sigelôs,
sît er ûf Alischanz verlôs
Vîvîanzen, sîner swester kint,
und der mêr, die noch vor gote sint
die endelôsen wîle.
10 sîner swester sun Mîle
wart wol gerochen an dem tage.
maneger zunge sprâche klage
dâ erwurben vil ze klagene
und dâ heime nôt ze sagene.
15   die nie toufes künde
emphiengen, ist daz sünde,
daz man die sluoc alsam ein vihe?
grôzer sünde ich drumme gihe:
ez ist gar gotes hantgetât,
20 zwuo und sibenzec sprâche, die er hât.
der admirât Terramêr
mit manegem rîchen künege hêr
wolde bringen al die sprâche
ûf den stuol hin zÂche

25 und dannen ze Rôme vüeren.
si kundenz anders rüeren
mit den ecken, die daz werten
und ûf ir verh sô zerten,
des nû ir sêle sint vil lieht:
30 si enahtent ûf kummer niht.

451   smorgens dôz begunde tagen,
an manegen hûfen getragen
wart diu reine kristenlîche diet,
den ir sælde daz geriet,
5 daz si in dem sturme ir lîp verlurn.
die hôhen si sunder kurn.
der vürste, der grâve, der barûn,
swer durch Heimrîches sun
dâ was belegen an dem rê,
10 ir neheines sêle wirt nimmer wê.
die armen wurden dâ begraben
und die edeln ûf bâre gehaben,
die si ze lande wolden
vüeren. waz si dolden
15 jâmers, dô man schouwen
si muoste alsô verhouwen!
     swâ man sach ir wunden,
die wurden an den stunden
mit balsem gestiuret:
20 rîchiu phlaster wol getiuret,
müzzel und zerbenzerî,
arômâte und amber was dâ bî.
swâ der phlaster deheinez lac,
dâ was immer süezer smac.
25 der balsem lât si vûlen niht:
swelhe lîch man sô besiht,
gebalsemt vleisch, hût und bein,
den sint tûsent jâr al ein,
als ob si læge die êrsten naht.
30 solh art hât balsemlîchiu maht.

452   die vürsten und ir hôhen man
sich bereiten um ein kêren dan
mit gemeinem râte.

si zogeten niht ze drâte:
5 ir tagereise was niht lanc.
etslîchen manec wunde twanc
sanfte dan ze rîten.
wer solde dâ langer bîten?
si muosten dannen scheiden.
10 jâ lac sô vil der heiden,
dâ der sturm was geschehen:
si muosten anderswâ besehen
herberge ein lützel dannen baz,
dâ wære von bluote niht sô naz.
15   der vürste ûz Provenzâlen lant
klagete sêre, daz er niht vant
sînen vriunt Rennewart.
im was leit diu dannenvart.
er sprach: 'ich enhân noch niht vernomen,
20 war mîn zeswiu hant sî komen.
ich meine in, der ze beider sît
den prîs behielt, dô diu zît
kom und der urteillîche tac,
daz ich von im des siges phlac
25 und von der hœsten hende.
alrêst mîn ellende
ist grœzer, denne ich wære aldâ
in der stat ze Siglimessâ
und dan verkouft ze Tasmê.
30 mirst hie vor jâmer alsô wê.
453   ei starker lîp, klâriu jugent,
wil mich dîn manlîchiu tugent
und dîn süeze einvaldekeit
und dîn prîs hôch und breit
5 dir niht dienen lâzen,
sô bin ich der verwâzen.
hât dich der tôt von mir getân?
soltû nû niht mîn dienest hân
und al daz teilen mac mîn hant?
10 wan dû ervæhte mir diz lant,
dû behabetes hie mîn selbes lîp
und Gîburge, daz klâre wîp.

wan dîn ellen ûz erkorn,
mîn alder vater wære verlorn:
15 ieslîch mîn helfære,
wan dû, verlorn wære,
al mîne mâge und mîne bruoder.
dû wære mîns kieles ruoder
und der rehte segelwint,
20 dâ von al Heimrîches kint
hânt gankert rœmesche erde.
in alsô hôhem werde
kom nie mannes prîs geswebet
bî der diet, diu hiute lebet.
25   dû machtes mîne mâge quît.
dû væhte an der selben zît
ûf dem mer und ûf dem lande.
mîn triuwe hete des schande,
ob niht mîn herze kunde klagen
30 und der munt nâch dir von vlüste sagen.
454 dû bræhte der Franzoisære her
mir ze helfe um die gotes wer,
die ûf der vluht wâren gesehen.
ich mac wol dînem ellen jehen,
5 daz alle getouften liute
dich solden klagen hiute
und dich vürbaz klagen al die zît,
die got der werlt ze lebene gît.
dû hâs dem toufe prîs bejaget.
10 vil manegiu jâr man noch saget,
wie dû væhte ûf Alischanz.
Mîle unde Vîvîanz,
dô ich iuch und al mîn her verlôs,
sô grôze vlust ich dâ niht kôs.
15   got, hât dîn erberme kraft,
al die engele in ir geselleschaft
müezen mîne vlust erkennen.
diz sî mîn hellebrennen,
daz diu sêle mîn deheine nôt
20 vürbaz emphâhe, sît mir tôt
des lîbes vreude ist immer mêr.

Altissimus, sît solhiu sêr
mir hânt gegeben die heiden,
nû bewar mich vor dem scheiden
25 von dir am urteillîchen tage
und vor der endelôsen klage,
der dû niht phliges ze wenden.
dîn erbarme müeze senden
mir sô trôstlîchen trôst,
30 des diu sêle ûz banden werde erlôst.

455   man mac an mînem helme sehen,
daz in dem sturme ist geschehen
ûf mich manec ellenthafter slac:
ouwê, daz ich niht tôt belac
5 von des admirâtes handen!
dô der keiser Ruolanden
verlôs von Marsiljen her
und Olivieren, der wol ze wer
was, und der bischof Turpîn,
10 noch ist diu vlust grœzer mîn.
ist mich von Karle ûf erborn,
daz ich sus vil hân verlorn?
der was mîn herre und niht mîn mâc,
dehein sîn sippe an mir lac:
15 von wemst mich ûf geerbet,
daz ich bin sus verderbet?
     waz touc mir nû vürsten name?
mîn tôtiu vreude, niht diu lame,
in dem herzen ist verswunden.
20 die vremden und die kunden,
von den bin ich gunêret,
sît mir sus ist verkêret
al mîns hôhen muotes kraft.
manec trûrec man kummerhaft
25 hie vreude emphienc von mîner hant,
dô ich der Provenzâlen lant
mit grôzen vreuden hie besaz:
jâ dorfte ninder vürbaz
der kummerhafte ellende,
30 niht wan gein mîner hende.

456   mîner vlust mahtû dich schamen,
der megede kint. in dînem namen
was mîn verh, mîn habe geveilet.
diu lücke ist ungeheilet,
  5 die mir jâmer durchz herze schôz.
stêt dîn tugent vor wanke blôz,
dû solt an mir niht wenken
und mîne vlust bedenken.
sît entwarf dîn selbes hant,
10 daz der vriunt vriundinne vant
an dem arme sîn durch minne,
reht manlîche sinne
dienent ûf wîplîchen lôn.
manegen sperkraches dôn
15 hân ich gehôrt um ein wîp,
diu nû leider mînen lîp
mac dirre vlust ergetzen niht:
mîn herze iedoch ir minne giht.
wan dîn helfe und ir trôst,
20 ich wære immer unerlôst
von jâmers gebende:
aller künege hende
möhten mit ir rîcheit
niht erwenden mir mîn leit.'
25   dô der vluz sîner ougen regen
hete der zeher sô vil gephlegen,
daz ir zal was unbekant,
dô kom Bernart von Brûbant:
der strâfete in und nam in abe
30 von sîner grôzen ungehabe.
457   dô der herzoge in trûrec sach,
ze dem markîs er dô sprach:
'dû bist niht Heimrîches sun,
wiltû nâch wîbes siten tuon.
  5 grôz schade bedarf genendekeit.
über al diz her wirt ze breit
der jâmer durch dich einen.
wiltû hie selbe weinen
als ein kint nâch der brust?

10 süeze vinden, manege sûre vlust,
   niht anders erbes muge wir hân.
   dû selp sibende starker man,
   an den sô hôher art ist schîn,
   wir müezen landes herren sîn:
15 wer liez uns lant und landes hort
   âne bluot und swertes ort?
   Tîbaldes lant und des wîp
   dû hâs, dar umme manegen lîp
   noch gein uns wâgen sol sîn vâr.
20 dû weist wol, über sehs jâr
   sprach al der heiden admirât
   sîn samenunge, diu nû hât
   unser verh hie niht gespart.
   um dînen vriunt Rennewart
25 mirz herze und diu ougen jâmerec sint,
   wande er erlôste ouch mir mîn kint,
   den phalenzgrâven Bertram,
   und siben vürsten er dâ nam
   in prisûn ûz îsernbant,
30 aldâ er si beslozzen vant.

458   der rîche, der arme, ietweder giht,
       unser leger sî hie enwiht.
       wol ûf, herbergen von dem wal!
       wir suln an bergen und an tal
5   Rennewarten suochen heizen
       und ûf schœnem velde erbeizen,
       dâ niht sô vil der tôten lige.
       wir hân mit schaden disen sige
       errungen an der überkraft
10   an stolzer werden heidenschaft.
       nû habe manlîchen muot!
       nâch dir gelîch denne maneger tuot,
       den hie vil kummers twinget
       und ouch mit jâmer ringet.
15   wâ ervaht ie vürste dîn genôz
       schumfentiure alsô grôz?
       diu ist sît Adâmes zît
       alsô breit und alsô wît

an deheiner stat vor uns geschehen.
20 wir muosten halt die heiden sehen
ûf ir vluht gar unverzaget:
waz ob uns ûf dem nâchjaget
Rennewart ist abe gevangen?
ist ez im sus ergangen,
25 dâ engegen habe wir gæbez phant.
gevangen ist in Larkant
der künec von Skandinâvîâ,
der wol ze wer hielt aldâ.
wir hân zweinzec oder mêr
30 hôher künege und vürsten hêr,

459 der etslîcher ist sô wert,
des Terramêr hin wider gert:
gein den wirt Rennewart wol quît.
nû soltû werben, des ist zît,
5 daz man dir antwurte,
die ûf velde und in vurte,
ûf dem mer in al den schiffen
der heiden si begriffen.
ze scherme dînem lande
10 soltû gern alsolher phande.
gih, dû enwelles ir schatzes niht.
ieslîch vürste hie wol siht,
welh nôt dich dar zuo twinge.
nû rît an alle ir ringe.
15 dîn vater und die bruoder dîn
suln mit dir an der rede sîn:
wir hân ir doch daz merre teil.
nû wis mit andæhte geil:
got hât dich hie wol gêret
20 und dînen prîs gemêret.'
        Willehalm an Bernarten sach,
zem herzogen er dô sprach:
'got weiz wol, waz er hât getân.
nû geloube, manlîch wîser man,
25 ob dû sîs sô gehiure,
dirre sic mir schumfentiure
hât ervohten in dem herzen mîn,

sît ich guoter vriunt muoz âne sîn,
an den al mîn vreude lac.
30 ouwê tac und ander tac!
460   ein tac, dô mir Vîvîanz
wart erslagen ûf Alischanz
selp sibende vürste und al mîn her,
wan daz ich selbe entreit mit wer.
5 mîn bestiu helfe aldâ beleip.
diu grôze vlust mich dar zuo treip,
daz ich dîne genâde suochte
und maneges, der des ruochte,
daz er sîn triuwe erkande
10 und in mîn helfe ernande.
gestern was mîn ander tac.
von den beiden ich wol sprechen mac,
daz mîn vreude ist verzinset dran,
swaz der mîn herze ie gewan.
15 iedoch stêt ez mir alsô:
ich muoz gebâren, als ich vrô
sî, des ich leider niht enbin.
ez ist des houbetmannes sin,
daz er genendeclîche lebe
20 und sînem volke trœsten gebe.
dû solt mit mir rîten
inz her an allen sîten.
sô nû geherberget wirt,
ich getrûwe im wol, daz niht verbirt
25 keins ringes herre, er engebe
mir, swaz heidenschaft dran lebe.'
si riten und erwurben gar,
swaz ûz al der heiden schar
der hôhen dâ gevangen was,
30 daz man si im brâhte ûf bluomen gras
461   vür Heimrîches preimerûn:
der behielt si sînem sun.
Willehalm der markîs
mohte des jehen vür hôhen prîs:
5 er hete ze sînen handen,
swaz ûz al der heiden landen

der hôhen was gevangen dâ.
der künec von Skandinâviâ
was wol von sîner tugende erkant.
10 al der heiden sunderlant
behalden heten ninder wîp,
diu je sô kürlîchen lîp
sît Êven zît gebære.
daz wâren von dem diu mære.
15 der markîs nam des sicherheit:
die andern wurden al bereit
beslozzen in îsernbant.
ze landes herren ir bekant
wâren vünf und zweinzec mit der zal.
20 dô si entwichen von dem wal,
si wâren ergriffen an dem mer
bî ir admirâtes wer.
    mit zuht des marcgrâven munt
sprach: 'mir ist ein dinc wol kunt
25 an iu, künec Matribleiz,
daz ich die wâren sippe weiz
zwischen iu und dem wîbe mîn:
durch si sult ir hie gêret sîn
von allen den, die ichs mac erbiten.
30 ir habet mit werdeclîchen siten
462   iuwer zît gelebet sô schône,
daz nie houbet under krône
ob küneges herzen wart erkant,
den beiden vor ûz wære benant
5 sô manec hôchlicher prîs.
ich mac iuch loben in allen wîs,
zer manheit und zer triuwe
und zer milte âne riuwe
und zer stæte, diu niht wenken kan.
10 ich künde iu, wol gelobeter man,
mînen willen, des ich bite:
ich getrûwe iu wol, ir sît dâ mite.
    nemt dirre gevangen liute ein teil,
die ûf ir eit und ûf ir heil
15 niht wan die rehten wârheit sagen,

swaz hie künege lige erslagen,
daz ir die suochet ûf dem wal
und rehte nennet über al
beide ir namen und ir lant.
20 die sol man heben al zehant
schône von der erden,
daz si iht ze teile werden
deheinem wolf, deheinem raben.
wir suln si werdeclîcher haben
25 durch die, diu von in ist erborn:
swaz Gîburge mâge ist hie verlorn,
die sol man arômâten,
mit balsem wol berâten
und bâren küneclîche,
30 als ob in sînem rîche
463 dâ heime ieslîcher wære tôt.'
Matribleiz zehant sich bôt
ze tal gein sînen vuozen nider.
der wart schier ûf gehaben sider.
5 dô dankete er dem markîs
und sprach alsô, daz al sîn pris
mit der tât wære beslozzen
und sîn triuwe mit lobe begozzen,
des sîn sælde immer blüete
10 und sîn unverswigeniu güete.
Matribleiz sprach aber mêr:
'unser wer und unser gote hêr
half niht, wir enmüesten unverholn
die wâren schumfentiure doln.
15 daz unser vluht ie wart gesehen,
des mac mîn herze unsanfte jehen.
mîn werder got Kâhûn wol weiz,
sîn dienestman Matribleiz
wart zer vluht nie geborn:
20 ich was ie wol zer wer erkorn,
giht es daz getoufte her.
ich wart ergriffen an der wer
und in Larkant gedrungen,
der vluht gar unbetwungen.

25 mîn eines rüemen hilfet niht,
sît man mich hie gevangen siht.
hete wir uns alle baz gewert,
des wære der heiden mêr ernert
und der admirât sô hinnen komen,
30 daz im niht prîses wære genomen.'

464   der marcgrâve tet im kunt
um einen senelîchen vunt,
den er hete vunden:
'dô was überwunden
5 an dem mer der Kanabêus sun,
swer dô mit nemen iht wolde tuon,
daz tet wol ieslîch kristen hant.
an sînem ringe ich stênde vant
ein preimerûn hoch und wît
10 gar von blankem samît.
ûz der heiden ê ein priester
was dar under meister.
ich was durch mînen helm versniten:
al teude ich drunder kom geriten,
15 niht durch nemens vâre.
ich vant drî und zweinzec bâre,
als manegen tôten künec dâ ligen
gekrœnt. ir namen sint unverswigen:
zende ieslîcher bâre drum
20 hât ir epitafjum
an breiten taveln, die sint golt.
ich geloube im wol, er wære in holt,
swer die koste durch si gap.
dar an was ieslîch buochstap
25 mit edeln steinen verwieret,
al die bâre wol gezieret.
man list dâ kuntlîche
ir namen und ir rîche,
wannen ieslîcher was erborn
30 und wie er hât den lîp verlorn.

465   mich gerou, daz ich dar under was.
iedoch ein teil ich dâ las
und vrâcte den priester mære,

von wem diu koste wære.
5 des jach er ûf den admirât.
mîn vane ez dâ beschirmet hât:
den hiez ich stôzen dar vür
und bat sîn phlegen, daz iht verlür
der priester dar unde.
10 solh vinden schuof mîn wunde.
ich sach dâ manec balsemvaz.
her künec, ich sagez iu um daz:
ob wir balsem suln hân,
den sol iu der priester lân
15 und dar zuo, swaz dar under sî:
daz sî der phlege vor mir nû vrî.
　nû vüert die tôten werden
von der toufbæren erden,
dâ man si schône nâch ir ê
20 bestate. ich sol iu schaffen ê
starke mûle, die si tragen,
künege, die hie sint erslagen,
und liute, die der bâre phlegen
ûf brücke, in vurte und an den wegen.
25 ob irs geruochet unde gert,
sô sît noch mêr von mir gewert.
ir sult hie unbetwungen sîn.
sprechet selbe: swaz ist mîn,
daz sult ir nemen al bereit.
30 sît ledec iuwer sicherheit.

466　　her künec, als ich iuch ê bat,
nû rîtet ûf die walstat
und ûf die bluotvarwen slâ.
swaz ir künege vindet dâ,
5 die bringet Terramêre,
der die grôzen überkêre
tet âne mîne schulde,
des genâde und des hulde
ich gerne gediende, torste ichs biten,
10 swie er gebüte, wan mit den siten
daz ich den hœsten got verkür
und daz ich mînen touf verlür
und wider gæbe mîn klârez wîp.

vür wâr ich lieze ê manegen lîp
15 verhouwen, als ist hie gesehen.
her künec, ir muget im dort wol jehen,
ich ensende si im durch vorhte niht,
swaz man hie tôter künege siht:
ich êre dâ mite et sînen art,
20 des mir ze kurzwîle wart
an mînem arme ein süezez teil,
dâ von ich trûrec unde geil
sît dicke wart, sô kom der tac,
daz Tibalt gein mir strîtes phlac.
25 vor dem möhte ich hie wol genesen,
swenne ze Baldac wolde wesen
bî dem bâruc der admirât,
der mich nû hie gesuochet hât.
    ich bevilhe iuch, künec Matribleiz,
30 dem, der der sterne zal weiz
467 und der uns gap des mânen schîn.
dem müezet ir bevolhen sîn,
daz er iuch bringe ze Gaheviez.
iuwer herze tugende nie verliez.'
5   der markîs guot geleite dan
gap dem hôchgelobeten man
und swaz man tôter künege vant.
sus rûmte er Provenzâlen lant:
ûz dem her sîn kondewieren was
10 ab dem blüemînen gras
von manegem ritter sêre wunt.
nû wart im gemachet kunt,
war er solde kêren.
    alrêst begunde mêren
15 der markîs die sînen klage.
nû was ez an dem dritten tage,
daz der sturm was erliten.
der markîs mit jâmers siten
alrêst um den wurf dô warf.
20 'solher site niht bedarf',
sprach der wîse Gîbert,
'den got hers hât gewert,
daz er trœsten solde . . . .

Titurel.

I.

1   Dô sich der starke Titurel   mohte gerüeren,
er getorste wol sich selben   und die sîne in sturme gevüeren:
sît sprach er in alter: 'ich lerne,   [gerne.
daz ich schaft muoz lâzen: des phlac ich etwenne schône und

2   möhte ich getragen wâpen',   sprach der genende,
'des solde der luft geêret   sîn von spers krache ûz mîner hende:
sprîzen gæben schate vor der sunnen.
vil zimierde ist ûf helmen   von mînes swertes ecken enbrunnen.

3   ob ich von hôher minne   ie trôst emphienge
und ob der minnen süeze   ie sælden kraft an mir begienge,
wart mir ie gruoz von minneclîchem wîbe,
daz ist nû gar verwildet   mînem seneden klagenden lîbe.

4   mîn sælde, mîn kiusche,   mit sinnen mîn stæte
und ob mîn hant mit gâbe   oder in sturme ie hôhen prîs
des mac niht mîn junger art verderben: [getæte,
jâ muoz al mîn geslehte   immer wâre minne mit triuwen erben.

5   ich weiz wol, swen wîplî-   chez lachen emphæhet,
daz immer mêre kiusche   unde stætekeit dem herzen næhet.
diu zwei kunnen sich nimmer dâ gevirren
wan mit dem tôde al eine: anders kan daz niemen verirren.

6   dô ich den grâl emphienc   von der botschefte,
die der engel hêre   mir enbôt mit sîner hôhen krefte,
dâ vant ich geschriben al mîn orden.
vor mir was diu gâbe   nie menschlîcher hende worden.

7   des grâles herre muoz sîn   kiusche unde reine.
ouwê, süezer sun Fri-   mutel, ich hân niht wan dich al eine
mîner kinde hie behabet dem grâle.

nû emphâch des grâles krône   und den grâl, mîn sun der lieht

9   got hât dich, sun, berâten   vünf werder kinde: [gemâle.

diu sint ouch hie dem grâle   ein vil sælec werdez ingesinde.

Amfortas und Trevrezent der snelle,

ich mac geleben, daz ir   prîs wirt vor anderm prîse der helle.

10   dîn tohter Schoisîâne   in ir herzen besliuzet

sô vil der guoten dinge,   des diu werlt an sælden geniuzet:

Herzeloide hât den selben willen:

Urrepanse de Schoien   lop mac ander lop niht gestillen.

8   sun, dû hâs bî dînen   zîten schiltes ammet

geurbort hurteclîchen,   swenne dîn rat was aldâ verklammet.

ûz der ritterschaft muoste ich mich ziehen.

nû wer dich, sun, al eine: mîn kraft diu wil uns beiden

11   dise rede hôrten   ritter unde vrouwen.   [entvliehen.'

man mohte an templeisen   maneges herzen jâmer beschouwen,

die er dicke brâhte ûz maneger herte,

swenne er den grâl mit sîner hende   und mit ir helfe ritterlîchen

12   sus was der starke Titurel   worden der swache,   [werte.

beidiu von grôzem alter   und von siecheite ungemache.

Frimutel besaz dâ werdeclîche

den grâl ûf Munsalvâsche: daz was der wunsch ob irdeschem

13   dem wâren sîner tohter   zwuo von den jâren,   [rîche.

daz si gein hôher minne   an vriundes arme volwahsen wâren.

Schoisîânen minne schône gerte

vil künege ûz manegen landen: des si doch einen vürsten

14   Kîôt ûz Katelangen   erwarp Schoisîânen: [gewerte.

schœner maget wart nie noch   gesehen ê bî sunnen noch

er hete vil maneger tugende genozzen: [bî mânen.

sîn herze was gein prîse   ie der kost und der tât unver-

15   si wart im schône brâht und   rîlîche emphangen.   [drozzen.

der künec Tampunteire,   sîn bruoder, kom ouch ze Katelangen.

rîche vürsten ungezalt dâ wâren:

sô kostelîche hôchgezît   gesach noch niemen bî manegen jâren.

16   Kîôt, des landes herre,   prîs hete erworben

mit milte und ouch mit ellen: al sîn tât was vil unverdorben,

swâ man hurteclîche solde strîten

und ouch durch der wîbe   lôn gezimieret gein der tjoste rîten.

17   gewan ie vürste lieber   wîp, waz der dolde

der herzenlîchen wünne,   als ez diu minne mit in beiden wolde!

ouwê des, nû nâhet im sîn trûren.

sus nimt diu werlt ein ende: unser aller süeze an dem orte ie
18   sîn wîp in ze rehter   zît gewerte eins kindes. [muoz sûren.
daz mich got erlâze   in mînem hûs eins solhen ingesindes,
daz ich alsô tiure müeste gelten!

die wîle ich hân die sinne,   sô wirt es von mir gewünschet
19   diu süeze Schoisiâne,   diu klâre und diu stæte,   [selten.
gebar mit ir tôde   eine tohter, diu vil sælden hæte:
an der wart al wîplich êre entstanden.   [manegen landen.

diu phlac sô vil triuwen,   die man von ir noch saget in
20   sus was des vürsten leit mit   liebe underscheiden: [beiden.
sîn jungiu tohter lebete,   ir muoter tôt, daz hete er an in
Schoisiânen tôt half im ûz borgen   [den sorgen.

die vlust an rehten vreuden   und gewin immer mêre an
21   dô bevalh man die vrouwen   mit jâmer der erden.
si muoste gearômâtet   und gebalsemt ê schône werden:
durch daz man lange muoste mit ir biten.   [allen sîten.

vil künege und vürsten kômen   dar zuo der lichlege an
24   Sigûne wart daz kint ge-   nant in der toufe:
die ir vater hête   Kîôt vergolten mit dem tiuren koufe:
wan er wart ir muoter durch si âne.

die sich der grâl zem êrsten   liez tragen, daz was Schoisiâne.
22   sîn lant hête der vürste   von rois Tampunteire,
von sînem bruoder,   dem künec, den man dâ hiez von Pelrapeire.
sîner kleinen tohter bat erz lîhen:
er begunde sich des swertes,   helmes unde schiltes verzîhen.

23   der herzoge Mamfilôt   sach im vil leide
an sînem werden bruoder: daz was ein vil sûriu ougenweide.
der schiet ouch durch jâmer von sînem swerte,
daz ir deweder mêre   hôher minne noch tjoste niht engerte.

25   der künec Tampunteire   Sigûnen die kleinen
ze sîner tohter vuorte.   dô Kîôt si kuste, man sach dâ vil
Kondwîrâmûrs lac ouch noch an der brüste.   [geweinen.

die zwuo gespilen wuohsen,   daz nie gesaget wart von ir prîses
28   dô Tampunteire starp und   Kardeiz der klâre   [vlüste.
in Brûbarz die krône   truoc, daz was in dem vünften jâre,
daz Sigûne was aldâ behalden.

dô muosten si sich scheiden,   die jungen zwuo gespilen, niht
26   in den selben zîten   was Kastis erstorben.   [die alden.

der hete ouch Herzeloiden   ze Munsalvâsche, die klâren, er-
Kanvoleiz gap er der vrouwen schône   [worben.
und Kingrivâls: zin beiden   truoc sîn houbet vor vürsten
27   Kastis Herzeloiden   nie gewan ze wîbe,   [die krône.
diu an Gahmuretes arme   lac mit ir magetlîchen lîbe:
doch wart si dâ vrouwe zweier lande,
des süezen Frimuteles   kint, die von Munsalvâsche man dar
29   diu künegîn Herzeloide   an Sigûnen dâhte: [sande.
si warp mit al ir sinnen,   daz man die von Brûbarz ir brâhte.
Kondwîrâmûrs begunde heize weinen,
daz si gesellekeit und   der stæten liebe solde an ir vereinen.
30   [daz kint sprach: 'liebez veterlîn,   nû heiz mir gewinnen
mîn schrîn vollen tocken,   swenne ich ze mîner muomen var
sô bin ich zer verte wol berihtet.   [von hinnen:
ez lebet manec ritter,   der sich in mînen dienest noch ver-
                                              phlihtet.'
31   'wol mich sô werdes kindes,   daz ist alsô versunnen!
got müeze Katelangen   als hêrer vrouwen an dir lange gunnen.
mîn sorge slâfet, sô dîn sælde wachet.
wære Swarzwalt hie ze lande,   er würde gar ze spern durch
32   Kiôtes kint Sigûne   alsus wuohs bî ir muomen. [dich gemachet.']
er kôs si vür des meien   blic, swer si sach, bî tounazzen
ûz ir herzen blüete sælde und êre.   [bluomen:
lât ir lîp volwahsen in diu   lobes jâr, ich sol ir lobes sagen
33   [swaz man an reinem wîbe   sol ze güete mezzen, [mêre.
an ir süezem lîbe   was des ninder hâres grôz vergezzen,
si reiniu vruht, durchliuhtec, valsches âne.
geprîset sî diu muoter,   diu si truoc, daz was Schoisîâne.
36   nû hœret vremdiu wunder   von der maget Sigûnen:
dô sich ir brüstel dræten   und ir reit val hâr begunde brûnen,
dô huop sich in ir herzen hôchgemüete.
si begunde lôslîch stolzen   und tet daz doch mit wîplîcher güete.
34   nû suln ouch wir gedenken   Herzeloiden der vil reinen.
diu kunde ir lop niht krenken: mit wârheit wil ich die
si ursprinc aller wîplîchen êren,   [lieben meinen.
si kunde wol verdienen   daz man ir lop muoste in den landen
35   diu magetlîche witewe,   daz kint Frimuteles,   [mêren.]
swâ man bî ir jungen zîte   sprach vrouwen lop, sô enerhal
                                    niht sô helles.

ir lop daz vuor die virre in manegiu rîche,

unz ir minne wart gedienet   vor Kanvoleiz mit spern hur-

37   wie Gahmuret ....   schiet von Belakânen   [teclîche.

und wie werdeclîche   er erwarp die swester Schoisîânen

und wie er sich enbrach der Franzoisinne,

des wil ich hie geswîgen   und künden iu von magetlîcher

38   der Franzoisinne Amphlîsen   wart ein kint gelâzen, [minne.

erborn von vürsten künne   und von der art, daz muoste

aller dinge, dâ von prîs verdirbet.   [sich mâzen

swenne alle vürsten werdent   erborn, ir neheiner baz nâch

prîse wirbet.

39   dô Gahmuret den schilt   emphienc von Amphlîsen,

diu werde küneginne   iu lêch diz kint. daz müezen wir

daz erwarp sîn wâriu kindes süeze,   [noch prîsen:

er wirt dirre âventiure herre.   ich hân reht, daz ich kint

durch in grüeze.

40   ouch vuor daz selbe kint   mit dem Anschevîne

hin über in die heiden-   schaft ze dem bârucke Akarîne.

er brâhtez ze Wâleis wider dannen.   [gemannen.

swâ kint genendekeit erspehent, daz   sol helfen, ob si iemêr

41   ein teil ich wil des kindes   art iu benennen.

sîn ane, was von Grâharz   Gurnemanz, kunde îsen zetrennen:

des phlac er zer tjost mit maneger hurte.

sîn vater was genant Gurzgrî: der lac tôt um Schoidelakurte.

42   Mahaute hiez sîn muoter,   Ehkunates swester,

des rîchen phalenzgrâven,   den man nande ûz der starken

selbe hiez er Schîonatulander.   [Berbester.

sô hôhen prîs erwarp bî   sîner zît nie einer noch der ander.

43   daz ich des werden Gurzgrîn   sun niht benande

vor der maget Sigûnen,   diu genôz des ir muoter man sande

ûz der phlege von dem reinen grâle:

ir hôch geburt si zucket   her vür und ir künne daz lieht

44   al des grâles diet daz   sint die erwelten,   [gemâle.

immer sælec hie und   dort in den stæten prîs die gezelten.

nû was Sigûne ouch von dem selben sâmen,   [nâmen.

der ûz von Munsalvâsche   gesæt wart, den die heilhaften

45   swâ des selben sâmen   wart brâht hin von dem lande,

daz muoste werden berhaft   und viel in rehte ein schûr ûf

dâ von Kanvoleiz verre ist bekennet: [die schande.

si wart in maneger zungen   ie der triuwen houbetstat genennet.

46   ô wol dich Kanvoleiz, wie   man sprichet dîne stæte
und herzenlîche liebe,   diu ûf dir geschach niht ze spæte!
minne huop sich vruo dâ von zwein kinden:
diu ergienc sô lûterlîche,   al diu werlt möhte ir truopheit
niht bevinden.

47   disiu kint der stolze   Gahmuret mit ein ander
in sîner kemenâten   zôch. dô der süeze Schîonatulander
was dannoch niht starc an sînem sinne:
er wart iedoch in herzen   nôt geslozzen von Sigûnen minne.

48   ouwê des, si sint noch   ze tump ze solher angest.
wan swâ diu minne in jugende   begriffen wirt, diu wert
ob daz alter minnen sich geloubet,   [aller langest.
dannoch diu jugent wont minne   bant, minne ist krefte un-

49   ouwê, minne, waz touc dîn   kraft under kinder? [beroubet.
wan einer, der niht ougen   hât, der möhte dich spehen,
minne, dû bist alze maneger slahte: [wære er blinder.
alle schrîbære künden   niemêr volschrîben dîn art noch dîn

50   sît daz man den rehten   münch in der minne   [ahte.
und den wâren klôsenære   wol beswert, sint gehôrsam ir
daz si leistent manegiu dinc doch kûme.   [sinne,
minne twinget under helme   ritter: minne ist vil enge
an ir rûme.

51   diu minne hât begriffen   daz smal und daz breite.
minne hât ûf erde   und ze himele vür got geleite:
minne ist allenthalben wan ze helle.
diu starke minne an krefte   erlamt, wirt zwîvel mit wanke

52   âne wanc und âne   zwîvel diu beide   [ir geselle.
was diu maget Sigûne   und Schîonatulander mit leide:
grôziu liebe was dar zuo gemenget.
ich sagete iu von ir kintlî-   cher minne vil wunders, wan
daz ez sich lenget.

53   [ir schemelîchiu zuht und   diu art ir geslehtes
(si wâren ûz lûterlîcher   minne erborn) diu twanc si ir rehtes,
daz si ûzen tougenlîche ir minne hâlen
an ir klâren lîben   und innen an den herzen verquâlen.]

54   Schîonatulander   mohte ouch sîn wîse
von maneger süezen botschaft,   die diu Franzoiser künegin
tougenlîche enbôt dem Anschevîne: [Amphlîse

die erwarp er unde wande in   vil dicke ir sorge: nû wende
55   Schîonatulander   vil dicke wart des innen, [ouch die sîne.
wie sîn œheim Gahmuret   kunde sprechen mit manlîchen
und wie sich der von kummer kunde scheiden: [sinnen
des jach im vil der tiuschen   diet, als tâten ouch die werden
56   alle, die minne phlâgen   und minne an sich leiten, [heiden.
nû hœret magetlîch sorge   unde manheit mit den arbeiten:
dâ von ich wil âventiure künden
den rehten, die von minnen   durch herzeliebe ie senede
57   der süeze Schîonatu-   lander genande, [nôt ervünden.
als sîn gesellekeit in   sorgen manecvalt in kûme gemande,
dô sprach er: 'Sigûne helferîche,
nû hilf mir ûz den sorgen,   werdiu maget, sô tuostû helfec-
58   duzisse ûz Katelangen,   lâ mich geniezen: [lîche.
ich hœre sagen, dû sîs erborn von   der art, die nie kunde
si enwæren helfec mit ir lône,   [verdriezen,
swer durch si kummerlîche nôt   emphienc: dîner sælden an
mir schône.'
59   'bêâs âmîs, nû sprich, schœ-   ner vriunt, waz dû meines.
lâ mich hœren, ob dû   dich des willen gein mir sô vereines,
daz dîn klagendiu bete iht müge vervâhen.
dû enwizzes es vil rehte   die wârheit, sô ensoltû dich niht
60   'swâ genâde wont, dâ   sol man si suochen. [vergâhen.'
vrouwe, ich ger genâden: des soltû durch dîne genâde
werdiu gesellekeit stêt wol den kinden.   [geruochen.
swâ rehtiu genâde nie niht   gewan ze tuone, wer mac si
dâ vinden?'
61   si sprach: 'dû solt dîn trûren   durch trœsten dâ künden,
dâ man dir baz mac helfen   danne ich: anders dû kans
dich versünden,
ob dû gers, daz ich dir kummer wende: [landes ellende.'
wan ich bin rehte ein weise   aller mâge und liute mîns
62   'ich weiz wol, dû bist landes   und liute grôziu vrouwe.
des enger ich alles niht, wan   daz dîn herze durch dîn ouge
alsô, daz ez den kummer mîn bedenke.   [schouwe
nû hilf mir schiere, ê daz dîn   minne mîn herze und die
vreude verkrenke.'
63   'swer sô minne hât, daz   sîn minne ist gevære [gebære
deheinem als lieben vriunde,   als dû mir bist, daz wort un-

wirt von mir niemêr benennet minne.

got weiz wol, daz ich nie be-   kande minnen vlust noch
                               ir gewinne.

64   minne, ist daz ein er?   mahtû minne mir diuten?
ist daz ein si? kumt mir   minne, wie sol ich minne getriuten?
muoz ich si behalden bî den tocken?
oder vliuget minne ungerne ûf   hant durch wilde? ich kan
                               minne wol locken.'

65   'vrouwe, ich hân vernomen   von wîben und von mannen,
minne kan den alten,   den jungen sô schuzlîchen spannen,
daz si mit gedanken sêre schiuzet: [vliuzet.
si triffet âne wenken,   daz loufet, kriuchet, vliuget oder

66   jâ erkande ich, süeziu maget, ê   wol minne von mæren.
minne ist an gedanken: daz mac ich mit mir selben nû
des betwinget si diu stæte liebe.   [bewæren:
minne stilt mir vreude   ûz dem herzen, ez entôhte einem diebe.'

67   'Schîonatulander,   mich twingent gedanke,
sô dû kums mir ûz den ougen,   daz ich muoz sîn an
                               vreuden diu kranke,
unz ich tougenlîche an dich geblicke.   [alze dicke.'
des trûre ich in der wochen   niht zeinem mâle, ez ergêt

68   'sô endarftû, süeziu maget, mich   niht vrâgen von minne:
dir wirt wol âne vrâge   bekant minnen vlust und ir gewinne.
nû sich, wie minne ûz vreude in sorge werbe:
tuo der minne ir reht, ê   diu minne uns beide in herzen
                               verderbe.'

69   si sprach: 'kan diu minne   in diu herzen sô slîchen,
daz ir man noch wîp noch   diu maget mac mit ir snelheit
weiz aber iemen, waz diu minne richet   [entwîchen?
an liuten, die ir schaden nie   gewurben, daz si vreude den
                               zebrichet?'

70   'jâ ist si gewaldec   der tummen und der grîsen.
niemen lebet als künstec,   daz er künne ir wert und ir
nû sul wir beidiu nâch ir helfe kriegen   [wunder volprîsen.
mit unverscharter vriuntschaft: minne kan mit ir wanke
                               niemen triegen.'

71   'ouwê, kunde diu minne   ander helfe erzeigen,
danne daz ich gæbe in   dîn gebot mînen vrîen lîp vür eigen!
mich hât dîn jugent noch niht rehte erarnet.

dû muost mich under schiltlî-   chem dache ê dienen: des
             wis vor gewarnet.'

72   'vrouwe, als ich mit krefte   diu wâpen mac leiten,
hie enzwischen und danne mîn lîp wirt   gesehen in den
             süezen sûren arbeiten,
sô daz mîn dienst nâch dîner helfe ringe.
ich wart in dîne helfe   erborn: nû hilf, daz mir an dir ge-

73   diz was der anevanc   ir geselleschefte   [linge.'
mit worten an den zîten,   dô Pompêjus vür Baldac mit krefte
hete ouch sîne hervart gesprochen
und Ipomidôn der werde: ûz   ir her wart vil niuwer sper

74   Gahmuret ....   sich huop des endes tougen,   [zebrochen.
et mit sîn eines schilte.   er hete doch grôze kraft âne lougen,
wan er phlac wol drîer lande krône.
sus jagete in diu minne   an den rê: den emphienc er von

75   Schîonatulander   was leide zer verte,   [Ipomidône.
wan im Sigûnen minne   hôhen muot und die vreude gar werte.
doch schiet er von dan mit sînem mâge.   [minne ûf die lâge.
daz was Sigûnen herzenôt   und diu sîne: in zwein reit

76   der junge vürste urloup   ze der maget nam tougenlîche.
er sprach: 'ouwê, wie sol ich   geleben, daz minne an vreuden
schiere mache und von tôde entscheiden?   [mich rîche
wünsche mir heiles, süeziu   maget: ich muoz von dir zuo
             den heiden.'

77   'ich bin dir holt, getriuwer   vriunt: sprich, ist daz
             minne?
sus wil ich immer   wünschende sîn nâch dem gewinne,
der uns beiden hôhe vreude erwerbe.
ez brinnent elliu wazzer,   ê diu liebe mînhalp verderbe.'

78   vil liep beleip aldâ,   liep schiet von dannen.
ir gehôrtet nie gesprechen   von mageden, von wîben, von
             manlichen mannen,
die sich herzenlîcher kunden minnen.
des wart sît Parzivâl an   Sigûnen zer linden wol innen.

78ᵃ   [ze Herzeloiden urloup   nam Gahmuret der werde.
sô gar triuwenbernder   stam wirt geborn ninder ûf der erde
noch getriuwer wîp, als si bescheinde.   [beweinde.
von ir zweier scheiden   wart jâmer, den manec ouge sît

78ᵇ   'vil liebez wîp, dîn êre   bevilhe ich got dem reinen.'

er gesach si nimmer mêre.   herzelîche si begunde weinen,
si bevalh in got mit manegem siuften tiefen.   [liefen!
ir sagete ir herze künftec   nôt. ei waz trehene von ir ougen
78ᶜ   Gahmuret die reinen   trôste güetlîchen.
er sprach: 'dû solt niht weinen.   in einem halben jâre
kum ich herwider, lât got mich bî dem lîbe.'   [sicherlîchen
sîns trôstes ir sorge ein teil entslief.   sus schiet er von
dem minneclîchen wîbe.
78ᵈ   sus was si ûf gedingen   etswenne vrô, doch vil selten.
si kunde mit sorgen ringen: ir triuwenrîcher lîp des
sîn übervart kom ir ze unheile.   [muoste engelten.
mit sînem tôde ir vreude   erschrac: man gesach si niemêr
vrô noch geile.]
79   ûz Kingrivâls der küene   Gahmuret sich verholne
von mâgen und von mannen   schiet, daz sîn vart den gar
wan zweinzec kint von hôher art kurteise   [was diu verstolne.
und ahtzec knappen zîser   âne schilt hete er erwelt ûf die
reise.
80   vünf schœniu ors, vil goldes,   von Azagouc gesteine
im volgete ûf der verte,   sîn schilt ander schilte gar eine.
durch daz solde ein schilt gesellen kiesen,   [kunde niesen.
daz im ein ander schilt heiles   wunschte, ob dirre schilt
81   sîn herzenlîche liebe   und ir minne niht vremde
was noch worden durch gewonheit.   im gap dar diu
blanc sîdîn, als ez ir blenke ruorte.   [künegîn ir hemde
ez ruorte ouch etwaz brûnes   an ir huf: den puneiz vor
Baldac erz vuorte.
82   ûz Norgâls gein Spâne   unz hin ze Sibilje er kêrte,
des genendegen Gandînes   sun, der ûz ougen wazzers vil
dô man vriesch, wie sîn vart nam ein ende.   [gerêrte,
sîn hôher prîs wirt nimmer   getoufter diet noch den heidenen
82ᵃ   si müezen in erkennen,   er mac et niht eralden. [ellende.
Herman von Düringen wîlent   phlac êren, der immer kunde
swâ man hœrt von sînen genôzen sprechen,   [wunsches walden.
die vor im hin gescheiden   sint, wie kunde sîn lop vür die
sô verre brechen!
83   daz rede ich wol mit wârheit,   ninder nâch wâne.
nû sul wir ouch gedenken   des jungen vürsten ûz Grâs-
des Sigûne in twanc, sîn kiusche âmîe: [waldâne,

diu zôch ûz sînem herzen   die vreude, als ûz den bluomen
                 die süeze diu bîe.

84   sîn lieplîchiu siecheit,   die er truoc von der minne,
diu vlust sîns hôhen muotes,   sîn rîcheit an sorgen gewinne
twanc den Grâharzois vil maneger pîne:
er wære noch sanfter   tôt als Gurzgrî vor Mabonagrîne.

85   wirt immer tjost mit hurte   von sperbrechens krache
ûz sîner hant durch schilte   brâht, sîn lîp ist ze dem un-
doch ze kranc: diu starke minne in krenket   [gemache
und daz sîn gedanc nâch liepli-   cher liebe unvergezzen sô
                 gedenket.

86   swenne ander juncherren   ûf velden und in strâzen [lâzen.
punierten unde rungen,   durch sende nôt sô muoste er daz
minne in lêrte an stæten vreuden siechen.   [êrsten kriechen.
swâ kint lernent an stüelen   ûf stên, diu müezen dar zem

87   nû lât in hôhe minnen: sô muoz er ouch gedenken,
wie er sich gein hœhe ûf rihte   und im künne alle valscheit
sîn wernder prîs in der jugent und in dem alter. [verkrenken
ich weiz den vürsten, solde er   daz lernen, man lêrte einen
               bern ê den salter.

88   Schîonatulander   vil nœte truoc verborgen,
ê daz Gahmuret der werde   würde innen al spehende der
daz sîn liepster mâc sus ranc mit kummer. [helbæren sorgen,
er qual et al die mânen,   swie sich diu zît huop, winter und
               den sumer.

89   von angeborner arte   sô wunschlîch geschicke,
sîn vel, diu liehten ougen,   swaz man dâ kôs, des antlitzes
schiet durch nôt von lûterlîchem glanze.   [blicke,
des twanc in niht ein dürkelz   wenken, ez tet starkiu liebe
               diu ganze.

90   Gahmuretes herze   ouch . . . . getwenget
was von der minnen ir hitze und   ir âsanc im hete under
sîn lûter vel, daz ez mit truopheit kunde.   [wîlen besenget
minne helfe er ein teil hete   emphangen, er wesse ouch ir
               twinclîche stunde.

91   swie listec sî diu minne,   si muoz sich enblecken:
swer treget minne al spehende künstec   ougen, dâ kan ir
               kraft sich niht verdecken.
sist ouch ein winkelmez, hœre ich si zîhen:

si entwirfet unde stricket   vil spâhe, noch baz danne
                              spelten unde drîhen.

92   Gahmuret wart innen   der helbæren swære,
daz der junge talfîn   ûz Grâswaldâne was vreuden alsô lære.
er nam in sunder ûf daz velt von der strâze:
'wie vert sus Amphlîsen   knabe? dîn trûren kumt mir niht

93   ich trage die wâren phlihte   al gelîch dîner pîne. [ze mâze.
der rœmesche keiser   und der admirât al der Sarrazîne
möhtenz mit ir rîcheit niht erwenden, [vreuden ouch phenden.'
swaz dich bræhte in siuftebæren   pîn, daz muoz mich an

94   nû sult ir wol gelouben   dem werden Anschevîne,
daz er gerne hülfe,   ob er möhte, dem jungen seneden talfîne.
er sprach: 'ouwê, durch waz hât sich geloubet   [dir roubet.
dîn antlitze lûterlîcher   blicke? diu minne sich selben an

95   ich spür an dir die minne: alze grôz ist ir slâge.
dû solt mich dîner tougen   niht heln, sît wir sîn sô nâhe
und beide ein verh von ordenlîcher sippe,   [gemâge
nâher danne von der muoter,   diu dâ wuohs ûz stelehafter

96   dû minnen ursprinc, dû berndez   saf minnen blüete! [rippe.
nû muoz mich erbarmen   Amphlîse, diu dich durch ir wîp-
mir lêch: si zôch dich, als si dich gebære,   [lîch güete
und hete dich an ir kindes   stat, als liep dû ir noch bist

97   hilstû mich dîn tougen,   dâ mit ist versêret [und ie wære.
mîn herze, daz dîn herze ie   was, und hât sich dîn triuwe
ob dû mir sô grôze nôt entwildes.   [gunêret,
des enmac ich niht dîner stæte   getrûwen, daz dû sô wanc-
                               lîche unbildes.'

98   daz kint sprach mit sorgen: 'sô sî mîn gedinge
dîn vride und dîn hulde   und daz mich dîn zorn niht
                            vürbaz mêre twinge.
ich hal durch zuht vor dir al mînen smerzen:
nû muoz ich dir Sigûnen   nennen, diu hât ane gesiget
                            mînem herzen.

99   dû maht, wiltû, ringen   den last ungevüege.
nû wis der Franzoisinne   gemant ob ich dîner sorge ie
nim von ir .... mich ûz krenken.   [getrüege,
ein slâfender lewe als swære   wart nie sô mîn wachendez
                            gedenken.

100   ouch wis gemant, waz mers und   der lande ich hân durch-
                                           strichen
durch dîn liebe, niht durch armuot.   ich bin mâgen und
                                     mannen entwichen
und Amphlîsen mîner werden vrouwen.
des sol ich alles   wider dich geniezen: lâ dîn helfe schouwen.
101   dû maht mich wol entstricken   von slôzlîchen banden.
wirde ich immer schiltes herre   under helme und ûf kost
                                  in den landen,
sol mîn helfec hant dâ prîs erringen,
die wîle wis mîn voget, daz   dîn scherm erner mich vor
                                  Sigûnen twingen.'
102   'ei kranker knabe, waz waldes   ê muoz verswinden
ûz dîner hant mit tjoste,   soltû der duzissen minne bevinden!
werdiu minne ist teilhaft ordenlîche: [rîche.
si hât der arme ellenthafte   erworben ê danne der zagehafte
103   doch vreu ich mich der mære,   daz dîn herze sô stîget.
wâ wart ie boumes stam an   den esten sô lobelîche erzwîget?
si liuhtec bluome ûf heide, in walde, ûf velde!   [melde!
hât dich mîn muome betwungen,   ô wol dich der lieplîchen
104   Schoisîâne ir muoter   dâ vür wart beruofen,   [schuofen:
daz got selbe und des kunst mit   willen ir klârheit ge-
Schoisîânen blic der sunnenbære,
den hât Sigûne Kîôtes tohter   an ir, jehent ir erkantlîchiu
105   Kîôt der prîs bejagende   in der scharflîchen herte,   [mære.
der vürste ûz Katelangen,   ê Schoisîânen tôt vreude im werte,
ir zweier kint ich sus mit wârheit grüeze,
Sigûne diu sigehafte   ûf dem wal, dâ man welt magede
                                  kiusche und süeze.
106   diu dir hât ane gesiget, dû   solt sigenunft erstrîten
mit dienestlîcher triuwe   an ir minne. ouch wil ich des nû
                                  niht langer bîten,
in dîne helfe ich bringe ir werden muomen.   [bluomen.'
Sigûnen glanz dîn varwe   sol erblüejen nâch den bliclîchen
107   Schîonatulander   begunde alsus sprechen: [brechen,
'nû wil mir dîn trôst und   dîn triuwe aller sorgen bant ze-
sît daz ich mit dînen hulden minne   [lîchem sinne.'
Sigûnen, diu mich roubet   nû lange ûf vreude und an vrœ-
108   sich möhte, ob er wolde,   wol helfe vermezzen

Schîonatulander.   ouch sul wir grôzer nœte niht vergezzen,
die Kiôtes kint truoc und Schoisiânen,
ê daz si trôst .... emphienc: diu muoste vreuden sich ânen.

109   wie ûz Katelangen   diu vürstîn betwungen
was von der strengen minne   (sus hete ir gedanc ze lange
                                        unsanfte gerungen,
daz siz vor ir muomen heln wolde),
diu künegîn wart innen   mit herzen schricke, waz Sigûne

110   rehte als ein touwec rôse   und alnaz von rœte,   [dolde.
sus wurden ir diu ougen: ir munt, al ir antlitze emphant
dô kunde iedoch ir kiusche niht verdecken   [der nœte.
die lieplîchen liebe,   daz si qual sus nâch kintlîchem
                                        recken.

111   dô sprach diu küneginne   durch liebe und durch triuwe:
'ouwê Schoisiânen   vruht, ich truoc alze vil ê ander riuwe,
der ich phlac hin nâch dem Anschevîne: [sus an dir pîne.
nû wahset in mîn swære   ein niuwer dorn, sît ich kiuse

112   an lande und an liuten   sprich waz dir werre:
oder ist dir mîn trôst und   ander dîner mâge sô verre,
daz dich niht ir helfe mac erlangen?   [dînen wangen?
war kom dîn sunneclîcher   blic? wer hât den verstoln

113   ellendiu maget, nû muoz mich   dîn ellende erbarmen.
man sol bî drîer lande   krône mich immer zeln vür die armen,
ich engelebe ê, daz dîn kummer swinde   [bevinde.'
und ich diu rehten mære   al dîner sorge mit der wârheit

114   'sô muoz ich mit sorge al   mîn angest dir künden.
hâstû mich iht deste unwerder,   sô kan dîn zuht sich an
                                        mir gar versünden,
sît ich mich dâ von niht mac gescheiden.
lâ mich in dînen hulden,   süeziu minne: daz stêt wol uns

115   got sol dir lônen: swaz ie muoter ir kinde   [beiden.
mit minneclîchem zarte   erbôt, die selben triuwe ich hie
vil stæteclîche an dir, ich vreuden kranke.   [vinde
dû hâs mich ellendes erlâzen: dîner wîplîchen güete ich

116   dînes râtes, dînes   trôstes, dîner hulde   [danke.
bedarf ich mit ein ander,   sît ich al gernde nâch vriunde
vil quelehafter nôt: daz ist unwendec.   [jâmer dulde,
er quelt mîn wilde gedanke   an sîn bant: al mîn sin ist
                                        im bendec.

117   ich hân nâch liebem vriunde   vil âbende al mîn schouwen
ûz venstern über heide,   ûf strâze unde gein den liehten
gar verlorn: er kom et mir ze selten.   [ouwen
des müezen mîniu ougen   vriundes minne mit weinen tiure
118   sô gên ich von dem venster   aber an die zinnen: [gelten.
dâ warte ich ôsten unde   westen, ob ich möhte des werden
der mîn herze lange hât betwungen.   [innen,
man mac mich vür die alden   seneden wol zeln, niht vür
119   ich var ûf einem wilden   wâge eine wîle: [die jungen.
dâ warte ich verre,   mêre danne über drîzec mîle,
durch daz, ob ich hôrte solhiu mære,   [bære.
daz ich nâch mînem jungen   klâren vriunde kummers en-
120   war kom mîn spilnde vreude?   oder wie ist sus gescheiden
ûz mînem herzen hôch gemüete?   ein ouwê muoz nû volgen
daz ich eine vür in wolde lîden.   [uns beiden,
ich weiz, daz in wider gein mir   jaget senediu sorge, der
                    mich doch kan mîden.
121   ouwê des, mir ist sîn   kunft alze tiure,
nâch dem ich dicke erkalte   und dar nâch, als ich læge in
sus erglüet mich Schîonatulander: [gneistendem viure.
mir gît sîn minne hitze   als Agremuntîn dem wurme
                    salamander.'
122   ' ouwê', sprach diu künegîn,   'dû redes nâch den wîsen.
wer hât dich mir verrâten?   nû vürhte ich die Franzoisinne
daz sich habe ir zorn an mir gerochen: [Amphlîsen,
al dîniu wîslîchen   wort sint ûz ir munde gesprochen.
123   Schîonatulander   ist hôch rîcher vürste:
sîn edelkeit, sîn kiusche   törste doch nimmer genenden an
daz sîn jugent nâch dîner minne spræche,   [die getürste,
ob sich der stolzen Amphlîsen   haz an mir mit ir hazze niene
                    ræche.
124   si zôch daz selbe kint, sîtz   der brüste wart entvüeret.
gap si niht durch triegen   den rât, der dich hât als un-
dû maht im, er dir vil vreude erwerben.   [sanfte gerüeret,
sîstû im holt, lâ dînen   wunschlîchen lîp niht verderben.
125   biut im daz ze êren,   lâ wider klâren
dîn ougen, diu wange, dîn kinne.   wie stêt alsô junclichen
ob sô liehtez vel dâ bî verlischet?   [jâren,
dû hâs in die kurzlîchen   vreude vil sorge alze sêre gemischet.

126 hât dich der junge talfîn an vreuden verderbet,
der mac dich wol an vreuden gerîchen: vil sælde und minne
hât sîn vater und diu talfînette [ûf in gerbet
Mahaute, diu sîn muoter was, und diu künegîn sîn muome

127 ich klage et, daz dû bist al ze vruo sîn âmîe. [Schôette.
dû wilt den kummer erben, des Mahaute phlac bî talfîn
dicke ir ougen habent an im ervunden, [Gurzgrîe.
daz er in manegen landen den prîs hielt under helme ûf

128 Schîonatulander an prîse ûf muoz stîgen. [gebunden.
erst erborn von den liuten, die niht lânt ir prîs nider sîgen:
er wuohs in breit gestrecket an die lenge.
nû hol dâ zim die trœstlîchen vreude, und er sorge über
          dich niht verhenge.

129 swie vil dîn herze under brüste des erlache,
daz hân ich niht vür wunder. wie kan er sich schicken
         under schiltlîchem dache!
ûf in vil zeher der vunken wirt gerêret [gemêret.
die ûz helmen von ecken springent, dâ viurîn regen sich

130 er ist ze tjost entworfen: wer kunde in sô gemezzen?
an mannes antlitze gein wîplîcher güete nie minner vergezzen
wart an muoter vruht, als ichz erkenne. [im nenne.'
sîn blic sol dîniu ougen gesüezen: ûf gelt dîn minne ich

131 aldâ was minne erloubet mit minne beslozzen,
âne wanc gein minne ir beider herze minne unverdrozzen.
'ô wol mich, muome', sprach diu herzoginne,
'daz ich vor al der werlde den Grâharzois nû mit urloup
         sô minne!'

II.

132 Sus lâgen si unlange: dô gehôrten si schiere,
in heller süezer stimme ûf rôtvarwer verte nâch wundem
ein bracke kom hochlûtes zuo zin jagende. [tiere
der wart ein wîle ûf gehalden: des bin ich durch vriunde
noch diu klagende.

133 dô si den walt mit krache alsus hôrten erhellen,
Schîonatulander ûz kintlîchem leben vür die snellen
was bekant, wan Trevrezent der reine: [gebeine.
der lief und spranc den allen vor, die des phlâgen ûf ritters

134 nu dâhte er: 'ob den hunt iemen mac erloufen,
ritterlîchiu bein diu trage.' er wil vreude verkoufen
und ein stætez trûren dran emphâhen.
ûf spranc er gein der stimme, als sîn lîp den bracken wolde

135 sît in den wîten walt niht mohte gekêren [ergâhen.
daz vlühtege wilt wan her vür den talfîn, daz wil sîn
künftec trûren brâhtez im ze teile. [arbeit mêren:
nû dacte er sich in einer dicken strut: sus kom jagende
an dem seile

136 des fürsten bracke, dem er entvuor ûz der hende
nider ûf diu strâlsnitec mâl. daz si nimmer hunt mêr ge-
diu in dâ dem grôzgemuoten sande, [sende,
von dem er jagete unz ûf den stolzen Grâhardeiz, daz dem
vil vreuden sît erwande.

137 dô er durch die dicke alsus brach ûf der verte,
sîn halse was arâbesch ein borte geslagen mit der drihen
dar ûfe kôs man tiure und lieht gesteine: [herte,
die glesten sam diu sunne durch den walt: dâ vienc er den
bracken niht eine.

138   waz er mit dem bracken   begreif, lât ez iu nennen.
gefurrierten kummer mit arbeit   er muoste unverzagetlîche
und immer mêr grôz kriegen et nâch strîte.   [erkennen
daz bracken seil was rehte im   ein urhap vreuden vlust-
                                           bærer zîte.

139   er truoc den hunt am arme   Sigûnen der klâren.
daz seil was wol zwelf klâfter   lanc, die von vier varwe
gel, grüene, rôt, brûn diu vierde,   [bortesîden wâren,
immer swâ erwant diu spanne,   an ein ander geworht mit

140   dar über lâgen ringe   mit berlen verblenket,   [gezierde.
immer zwischen den ringen   wol spanne lanc, niht mit
                                     steinen verkrenket,
vier blat, viervar wol vingers breit die mâze.
gevâhe ich immer hunt an solhez   seil, ez belîbet bî mir,
                                          swenne ich in lâze.

141   dô manz von einander   vielt, zwischen den ringen
ûzen und innen kôs man   dran schrift wol mit kosteclîchen
âventiure hœrt, ob ir gebietet.   [dingen.
mit guldînen nagelen wâren   die steine vaste an die strange
                                          genietet.

142   smârâde wâren die buochstabe,   mit rubînen verbündet:
adamante, krisolde,   grânât dâ stuonden. nie seil baz ge
wart, ouch was der hunt vil wol geseilet: [hündet
ir muget wol errâten, welhez   ich næme, ob wære der hunt
                                     dar gein geteilet.

143   ûf einem samît grüene   als in meieschem walde
was diu halse ein borte   genæt, vil steine von arte manec-
drûf geslagen: die schrift ein vrouwe lêrte.   [valde
Gardevîaz hiez der   hunt: daz quît tiuschen 'hüete der verte.'

144   diu herzogîn Sigûne   las anevanc der mære.
'swie ditz sî ein bracken   name, daz wort ist den werden
man und wîp, die hüeten verte schône,   [gebære.
die varnt hie in der werlde   gunst und wirt in dort sælde
                                          ze lône.'

145   si las mêr an der halsen,   noch niht an dem seile.
swer wol kan verte hüeten,   des prîs wirt getragen nimmer
der wont in lûterm herzen sô gestarket,   [veile:
daz in nimmer ouge   übersiht ûf unstætem wenkenden
                                          market.'

146   daz seil und der bracke   einem vürsten durch minne
wart gesant: daz was von arte   under krône ein jungiu
Sigûne las an sseiles underscheide,   [küneginne.
wer was diu künegîn und der vürste: diu stuonden bekant-
                                                lîch dâ beide.

147   si was von Kanedic erborn,   ir swester, Flôrîen,
diu Ilinôte dem Britûn   ir herze, ir gedanc und ir lîp gap
gar swaz si hete, wan bî ligende minne: [zâmîen,
si zôch in unz an schiltlîche   vart und kôs in vür alle
                                                gewinne.

148   der holte ouch nâch ir minne   under helme sîn ende.
ob ich mîn zuht niht bræche,   ich solde noch vluochen der
diu die tjost ûf sînen tôt dar brâhte.   [hende,
Flôrîe starp an der selben   tjost, doch ir lîp nie spers orte
                                                genâhte.

149   diu liez eine swester,   diu erbete ir krône.
Klauditte hiez diu selbe   maget: der gap kiusche und ir
des vremden lop und ouch, der si bekande.   [güete ze lône
des wart ir prîs beruofen   in manegiu lant, daz den niemen
                                                dâ wande.

150   diu herzogîn las von der   maget an dem seile.
die vürsten ûz ir rîche   eins herren an si gerten mit urteile.
si sprach in einen hof ze Beuframunde.
dar kômen rîche und arme   ungezalt: man erteilte ir wal
151   duc Ehkunaten   de Salvâsche Flôrîen,   [an der stunde.
den truoc si in ir herzen   dâ vor, ouch kôs er si benamen
des stuont sîn herze hôher danne ir krône: [zâmîen.
Ehkunat gerte aller vürsten   zil: wan er sîner verte phlac
                                                vil schône.

152   si twanc sîn jugent und ouch   daz reht von ir rîche:
sît daz ir wart erteilet   diu wal, nû welte diu maget
welt ir tiusch ir vriundes namen erkennen?   [werdeclîche.
duc Ehkunaver von Bluome-   derwilde, alsus hôrte ich in
                                                nennen.

153   sit er von der wilde   hiez, gein der wilde
si sande im disen wiltlî-   chen brief, den bracken, der walt
phlac der verte, als er von arte solde.   [und gevilde
ouch jach des seiles schrift, daz   si selbe wiplîcher verte
154   Schîonatulander   mit einem vederangel   [hüeten wolde.

vienc eschen unde vörhen, die wîle si las, und der vreude
daz er sît wart vil selten der geile. [den mangel,
si lôste ûf den stric, durch die schrift ûz ze lesene an
dem seile.

155 der was an die zeltstange vaste gebunden.
mich müet ir ûf lœsen, daz si tet: hei, wan wære sis er-
Gardevîaz stracte sich mit strebene, [wunden!
ê si spræche nâch sîner spîse: ir wille im was ze ezzen
ze gebene.

156 zwuo juncvrouwen sprungen her ûz vür die snüere.
ich klage der herzoginne blanc linde hende: obz seil die
waz mac ich des? ez was von steinen herte. [zevüere,
Gardevîaz zucte und spranc durch gâhen nâch huntwildes

157 er was ouch Ehkunate des tages alsô entrunnen. [verte.
si rief die juncvrouwen ane: die heten sbracken spîse ge-
si gâhten wider in daz gezelt vil balde. [wunnen,
nû was er ûz gesloffen durch die winden: man hôrte in
schiere dô in dem walde.

158 er brach halt der winden ein teil ûz der phæle.
dô er kom wider ûf die niuwe rôten vart, des nam in niht
vil offenlîche er jagete und niht verholne. [hæle,
dâ von geschach des werden Gurzgrîen sun vil nœte sît ze

159 Schîonatulander die grôzen und die kleinen [dolne.
vische mit dem angel vienc, dâ er stuont ûf blôzen blanken
durch die küele in lûtersnellem bache. [beinen
nû erhôrte er Gardevîazes stimme: diu erhal im zun-
gemache.

160 er warf den angel ûz der hende, mit snelheit er gâhte
über ronen und ouch durch brâmen. dâ mit er doch dem
bracken ninder genâhte:
den hete im ungeverte alsô gevirret,
daz er wilt noch hunt spürte, und wart ouch von dem
winde der hôre verirret.

161 im wurden diu blôzen bein gar zekratzet von den brâmen:
die sînen blanken vüeze am loufe ouch von stiften ein teil
wunden nâmen.
man kôs in baz, dan daz erschozzen tier, wunden:
er hiez si twahen, ê er kœme underz gezelt. sus vant
Sigûnen er dort unden,

162   innerhalp ir hende,   als si wæren berîfet,
    grâ als eins tjostiures   hant, dem der schaft von gegen-
    der ziuschet über blôzez vel gerüeret.   [hurte slîfet.
    daz seil was alsô rehte   durch der herzoginne hant gevüeret.
163   si kôs im vil wunden   an beinen und an vüezen:
    si klagete in, er klagete   ouch si. nû wil diz mære sich
    dô diu herzogîn begunde sprechen   [gunsüezen,
    hin zim nâch der schrifte·   an dem seil: diu vlust muoz
                    nû vil sper zebrechen.
164   er sprach: 'ich vriesch ie wênec   der seile überschribene.
    brievebuoch en franzois   ich weiz wol: solh kunst ist mir
                    niht diu belibene:
    dâ læse ich an, swaz dâ geschriben wære.
    Sigûne, süeziu maget, lâ   dir sîn die schrift am seile gar
                    unmære.'
165   si sprach: 'dâ stuont âventiur   geschriben an der strangen:
    sol ich die niht lesen zende,   mir ist unmære mîn lant ze
    swaz mir iemen rîcheit möhte gebieten,   [Katelangen.
    und ob ich wirdec wære ze nemene,   dâ vür wolde ich mich
                  der schrifte nieten.
166   daz spriche ich, werder vriunt, dir   noch niemen ze vâre.
    ob wir beidiu junc solden   leben, zuo der zît unser künftegen
    sô daz dîn dienst doch gerte mîner minne,   [jâre,
    dû muost mirz seil ê erwerben,   dâ Gardevîaz stuont ane
                gebunden hinne.'
167   er sprach: 'sô wil ich gerne   um daz seil alsô werben.
    sol manz erholn mit strîte,   dâ muoz ich an lîbe und an
                  prîse verderben
    oder ich bringez wider dir ze handen.
    wis genædec, süeziu maget, und   halt niht mîn herze sô
                lange in dînen banden.'
168   'genâde und al daz immer   maget sol verenden
    gein ir werdem klâren vriunt, daz   leiste ich und mac mich
                des niemen erwenden,
    ob dîn wille krieget nâch der strangen,   [vangen.'
    die der bracke ûf der verte   zôch, den dû mir bræhte ge-
169   'dar sol mîn dienest immer   stæteclîchen ringen.
    dû biutes rîchen solt: wie   gelebe ich die zît, daz ez mîn
                hant müeze bringen

dar zuo, daz ich die hulde dîn behalde?
daz wirt versuochet nâhen   und verre: gelücke und dîn
                              minne mîn walde.'
170   sus heten si mit worten   ein ander ergetzet
und ouch mit guotem willen.   der anevanc vil kummers,
                              wie wart der geletzet!
daz vreischet wol der tumme und ouch der grîse
von dem unverzageten sicher-   boten, ob der swebe oder
                              sinke an dem prîse.

———————

Lieder.

I.

3　　Den morgenblic bî wahters sange erkôs
　　ein vrouwe, dâ si tougen
　　an ir werden vriundes arme lac:
　　dâ von si .... vreuden vil verlôs.
5　des muosten liehtiu ougen
　aber nazzen. si sprach: ʻouwê, tac,
　wilde unde zam daz vreut sich dîn
　und siht dich gerne, wan ich eine. wie sol ez
　　　　　　　　　　　　　mir ergên!
　nû enmac niht langer hie bî mir bestên
10　mîn vriunt: den jaget von mir dîn schîn.ʼ

　　Der tac mit kraft al durch diu venster dranc.
　vil slôze si besluzzen:
　daz half niht, des wart in sorge kunt.
　diu vriundîn den vriunt vaste an sich twanc:
15　ir ougen diu beguzzen
　ir beider wangel. sus sprach zim ir munt:
　ʻzwei herze und einen lîp hân wir:
　gar ungescheiden unser triuwe mit ein ander vert.
　der grôzen liebe ich bin vil gar verhert,
20　wan sô dû kumes und ich zuo dir.ʼ

　　Der trûrec man nam urloup balde alsus:
　ir liehten vel diu slehten
　kômen nâher. sus der tac erschein:
　weinendiu ougen, süezer vrouwen kus.

4 25 sus kunden si dô vlehten
      ir munde, ir brüste, ir arme, ir blankiu bein:
      swelh schiltære entwürfe daz,
      geselleclîche als si lâgen, des wære ouch dem
                                          genuoc.
      ir beider liebe doch vil sorgen truoc.
   30 si phlâgen minne âne allen haz.

II.

   'Sîne klâwen   durch die wolken sint geslagen,
er stîget ûf mit grôzer kraft,
ich sihe in grâwen   tegelîch, als er wil tagen,
den tac, der im geselleschaft
 5 erwenden wil, dem werden man,
den ich mit sorgen în bî naht verliez.
ich bringe in hinnen, ob ich kan:
sîn vil manegiu tugent mich daz leisten hiez.'

   'Wahter, dû singes,   daz mir manege vreude
10 unde mêret mîne klage.   [nimt
mære dû bringes,   der mich leider niht gezimt,
iemer morgens gein dem tage.
diu soltû mir verswîgen gar.
daz gebiute ich den triuwen dîn:
15 des lône ich dir, als ich getar.
sô belîbet hie der geselle mîn.'

   'Er muoz et hinnen   balde und âne sûmen sich:
nû gip im urloup, süezez wîp.
lâze in minnen   her nâch sô verholne dich,
20 daz er behalde êre und den lîp.
er gap sich mîner triuwe alsô,
daz ich in ouch bræhte wider dan.
ez ist nû tac: naht was ez, dô
mit drucke an brust dîn kus mir in an
                                          gewan.'

25 'Swaz dir gevalle,   wahter, sinc und lâ den hie,
   der minne brâhte und minne emphienc.
   von dînem schalle   ist er und ich erschrocken ie:
5   sô ninder morgensterne ûf gienc
   ûf in, der her nâch minne ist komen,
30 noch ninder lühte et tages lieht,
   dû hâs in dicke mir benomen
   von blanken armen und ûz herzen niht.'

   Von den blicken,   die der tac tet durch diu
   und dô der wahter warnen sanc,   [glas,
35 si muoste erschricken   durch den, der dâ bî ir was.
   ir brüstelîn an brust si twanc.
   der ritter ellens niht vergaz
   (des wolde in wenden wahtæres dôn):
   urloup nâhe und nâher baz
40 mit kusse und anders gap in minne lôn.

III.

   Ein wîp mac wol erlouben mir,
   daz ich ir neme mit triuwen war.
   ich ger, mir wart ouch nie diu gir
   verhabet, mîn ougen swüngen dar.
5 wie bin ich sus iuwelnslaht?
   si siht mîn herze in vinster naht.

   Si treget den helfelîchen gruoz,
   der mich an vreuden rîchen mac,
   dar ûf ich immer dienen muoz.
10 vil lîhte erschînet noch der tac,
   daz man mir muoz vreuden jehen.
   noch græzer wunder ist geschehen.

   Nû seht, waz ein storch sæten schade:
   noch minner schaden hânt mîn diu wîp.
15 ir haz ich ungerne ûf mich lade.
   diu nû den schuldehaften lîp
   gein mir treget, daz lâze ich sîn:
   ich wil nû phlegen der zühte mîn.

IV.

Der helden minne ir klage
dû sünge ie gein dem tage,
daz sûre nâch dem süezen.
swer minne und wîplîch grüezen
5 alsô emphienc, daz si sich muosten scheiden,
swaz dû dô riete in beiden, dô ûf gienc
der morgensterne, wahter, swîc, dâ von niht gerne
                                        sinc.

6   Swer phliget oder ie gephlac,
daz er bî lieben wîbe lac
10 den merkern unverborgen,
der darf niht durch den morgen
dannen streben, er mac des tages erbeiten:
man darf in niht ûz leiten ûf sîn leben.
ein offen süeze wirtes wîp kan solhe minne geben.

V.

'Von der zinnen
wil ich gên, in tagewîse   sanc verbern.
die sich minnen
tougenlîche und ob si prîse   ir minne wern,
5 sô gedenken sêre
an sîne lêre,
dem lîp und êre
ergeben sîn.
der mich des bæte,
10 dêswâr ich tæte
im guote ræte
und helfe schîn.
ritter, wache, hüete dîn!

Niht verkrenken
15 wil ich aller wahter triuwe   an werden man.
niht gedenken
soltû, vrouwe, an scheidens riuwe   ûf künfte wân.
ez wære unwæge,

swer minne phlæge,
20 daz ûf im læge
meldennes last.
ein sumer bringet,
daz mîn munt singet:
durch wolken dringet
25 ein tagender glast.
hüete dîn, wache, süezer gast!'

Er muoste et dannen,
der si klagen ungerne hôrte.   dô sprach sîn munt:
'allen mannen
7 30 trûren nie sô gar zestôrte   ir vreuden vunt.'
swie balde ez tagete,
der unverzagete
an ir bejagete,
daz sorge in vlôch:
35 unvremdez rücken,
gar heimlîch smücken,
ir brüstel drücken
und mêr dannoch
urloup gap, des prîs was hôch.

VI.

Ursprinc bluomen, loup ûz dringen
und der luft des meien urbort vogel ir alden dôn:
etswenne ich kan niuwez singen,
sô der rîfe liget, guot wîp, noch allez âne dîn lôn.
5 die waltsinger und ir sanc
nâch halben sumers teile in niemens ôre enklanc.

Der bliclîchen bluomen glesten
sol des touwes anehanc erliutern, swâ si sint:
vogel die hellen und die besten,
10 al des meien zît si wegent mit gesange ir kint.
dô slief niht diu nahtegal:
nû wache aber ich und singe ûf berge und in dem tal.

Mîn sanc wil genâde suochen
an dich, güetlîch wîp: nû hilf, sît helfe ist worden nôt.
15 dîn lôn dienstes sol geruochen,
daz ich immer biute und biute unz an mînen tôt.
lâz mich von dir nemen den trôst,
daz ich ûz mînen langen klagen werde erlôst.

Guot wîp, mac mîn dienst ervinden,
20 ob dîn helfelîch gebot mich vreuden welle wern,
daz mîn trûren müeze swinden
und ein liebez ende an dir bejagen mîn langez gern?
dîn güetlîch gelâz mich twanc,
daz ich dir beide singe al kurz oder wiltû lanc.

25 Werdez wîp, dîn süeziu güete
und dîn minneclîcher zorn hât mir vil vreude erwert.
mahtû trœsten mîn gemüete?
wan ein helfelîchez wort von dir mich sanfte ernert.
mache wendec mir mîn klagen,
30 sô daz ich werde grôzgemuot bî mînen tagen.

VII.

'Ez ist nû tac, daz ich wol mac　mit wârheit
ich wil niht langer sîn.　　　　　　　[jehen,
diu vinster naht　hât uns nû brâht　ze leide mir
den morgenlîchen schîn.'
8 5 'sol er von mir scheiden nuo,
mîn vriunt, diu sorge ist mir ze vruo:
ich weiz vil wol, daz ist ouch ime,
den ich in mînen ougen gerne bürge,
möhte ich in alsô behalden.
10 mîn kummer wil sich breiten:
ouwê des, wie kumt ers hin?
der hœste vride müeze in noch wider an mînen
arm geleiten.'

Daz guote wîp　ir vriundes lîp　vaste ummevienc:
der was entslâfen dô.
15 dô daz geschach, daz er ersach　den grâwen tac,

dô muoste er sîn unvrô.
an sîne brüste dructe er sie
und sprach: 'jâ enerkande ich nie
kein trûrec scheiden alsô snel.
20 uns ist diu naht von hinnen alze balde:
wer hât si sô kurz gemezzen?
der tac wil niht erwinden.
hât diu minne an sælden teil,
diu helfe mir, daz ich dich noch mit vreuden
müeze vinden.'

25 Si beide luste, daz er kuste si genuoc:
gevluochet wart dem tage.
urloup er nam, daz dô wol zam, nû merket wie:
dâ ergienc ein schimph bî klage.
si heten beide sich bewegen,
30 ez enwart sô nâhe nie gelegen,
des noch diu minne hât den prîs:
ob der sunnen drî mit blicke wæren,
si enmöhten zwischen si geliuhten.
er sprach: 'nû wil ich rîten.
35 dîn wîplîch güete neme mîn war
und sî mîn schilt hiute hin und her und her nâch
zallen zîten.'

Ir ougen naz dô wurden baz. ouch twanc in
er muoste et von ir. [klage:
si sprach hin zim: 'urloup ich nim zen vreuden
40 diu wil nû gar von mir, [mîn:
sît daz ich vermîden muoz
dînen munt, der manegen gruoz
mir bôt und ouch dîn süezen kus,
als in dîn ûz erweltiu güete lêrte
45 und diu geselle dîn, diu triuwe.
wem wiltû mich lâzen?
9 nû kom schier wider ûf rehten trôst.
ouwê, durch daz enmac ich strenge sorge niht
gemâzen.'

VIII.

Guot wîp, ich bite dich minne,
ein teil durch daz,
sît ich dir niht gebieten mac.
dû gip mir die gewinne,
5 daz ich baz
an dir gelebe noch lieben tac.
snel vür mich, wilder danne ein tier,
mac mir dîn helfe entwenken.
wilt an triuwe gedenken,
10 sælec wîp,
sô gîs ein liebez ende mir.

Dû treges sô vestez herze
ûf mîne vlust:
wie sol der site an dir zegên?
15 ein mûzervalke, ein terze,
dem mac brust
niht baz dan dir diu dîne stên.
dîn munt ist ûf den kus gestalt,
dîn lachelîchez grüezen
20 mac mir wol gesüezen
sûre nôt:
sus hât dîn minne mîn gewalt.

Möhte ich die sælde reichen,
diu sô hôch
25 ob mîner vreude stêt gezilt!
got müeze ir herze erweichen,
sît ez noch
der mîner swære niht bevilt.
man siht mich alze selten geil.
30 ein vlins von donerstrâlen
möhte ich zallen mâlen
hân erbeten,
daz im der herte entwiche ein teil.

[Ir wengel wol gestellet
35 sint gevar

alsam ein touwec rôse rôt.
diu schœne mir wol gevellet,
sist valsches bar.
ir ougen bringent mich in nôt.
40 si dringent in mîns herzen grunt:
sô enzündet mich ir minne,
daz ich von ir brinne.
an der stat
  bin ich von der süezen wunt.

10 45   Ir schœne vreude machet.
durchliuhtec rôt
ist ir munt als ein rubîn.
swem si von herzen lachet,
des sorge ist tôt.
50 si ist mîn spilnder ougen schîn.
ir vremde krenketz herze mîn:
ich stirbe, mir werde ir minne.
Vênus diu gotinne,
lebet si noch,
55   si müeste bî ir verblichen sîn.

  Ich wil des mînen ougen
sagen danc,
daz si si vunden alsô guot.
die ich dâ minne tougen
60 sunder wanc,
diu hât gehœhet mir den muot.
daz schaffet mir ir rôter munt:
ir minneclîchez lachen
kan mir wol gemachen
65 hôhen muot,
  dâ von mir wirt ein vreude kunt.]

Druckfehler.

Druck von Ehrhardt Karras, Halle a. S.